Mexicanas en pie de lucha

Mexicanas en pie de lucha

Reportajes sobre el Estado machista

y las violencias

NAYELI ROLDÁN (COORDINADORA)

Grijalbo

Mexicanas en pie de lucha
Reportajes sobre el Estado machista y las violencias

Primera edición: abril, 2022

D. R. © 2022, Nayeli Roldán (coord.)

D. R. © 2022, derechos de edición mundiales en lengua castellana:
Penguin Random House Grupo Editorial, S. A. de C. V.
Blvd. Miguel de Cervantes Saavedra núm. 301, 1er piso,
colonia Granada, alcaldía Miguel Hidalgo, C. P. 11520,
Ciudad de México

penguinlibros.com

D. R. © 2022, Laura Castellanos, Valeria Durán, Ivonne Melgar,
Claudia Ramos, Daniela Rea, Nayeli Roldán

D. R. © 2022, Alma Delia Murillo, por el prólogo

ISBN: 978-607-381-151-4

Impreso en México – *Printed in Mexico*

A las mujeres que luchan.

A las madres de víctimas de feminicidio.
A las sobrevivientes de las violencias.
A las jefas de familia. A las activistas.
A las periodistas.
A las mujeres que desafían al patriarcado.

A todas ellas que resisten y sostienen todos los días.

Índice

Prólogo

Si tocan a una

Hay una mujer mayor que camina por el barrio donde vivo. Sería inútil tratar de calcular su edad; a mí me parece eterna.

Duerme regularmente en un parque con bustos de bronce de músicos y compositores. Es imposible no reparar en ella porque su cuerpo está tan encorvado que avanza con la cintura completamente doblada hacia atrás, la cabeza a la altura de las rodillas. Se apoya en un bastón que sujeta con la mano derecha y en la izquierda lleva una bolsa de plástico en la que carga algo.

Alguna vez me ha permitido ayudarle, pero no siempre confía: cada tanto tira bastonazos a quien se acerque.

Todo en ella me inquieta, me interpela, me incomoda. Crecer en esta ciudad te enseña que el respeto es fundamental con la gente que habita las calles, y que, si no te piden ayuda, puede que no seas bienvenida por más buenas intenciones que te motiven.

Esta mañana, cuando regresaba de correr, la encontré recargada contra la pared, quieta, tomando un respiro. Hacía frío, la calle estaba semidesierta. Pensé que tal vez sería un buen momento y lo intenté.

—¿Para dónde va? —pregunté, y me ofrecí a ayudarla.

Aceptó, caminamos despacio rumbo al parque de los compositores, me permitió llevar la bolsa. Mientras avanzábamos a su ritmo no dejé de preguntarme cómo habrá hecho esta mujer para sobrevivir a dos años de pandemia.

Cuando llegamos a donde quería instalarse, hizo una contundente señal con la mano para que no la ayudara. No lo hice. Observé pasmada la destreza con la que maneja el cuerpo alguien que no puede desdoblar la cintura y ponerse en pie. Se recostó en el pasto, apoyada sobre el tronco de un árbol, dejé la bolsa junto a ella.

Tardé en atreverme a mirarla a la cara que antes nunca había tenido frente a mí. Una cara con mil cicatrices, un ojo cubierto con una nube gris, un tejido indescifrable sobre las mejillas.

—¿Necesita algo más? —quise saber.

—No, niña.

Tal vez hoy podíamos platicar un poco más. Volví a aventurarme.

—¿Qué le pasó en la cadera? —formulé ambiguamente.

No sé si el daño está en la articulación coxofemoral, en alguna vértebra lumbar, no tengo idea. Rogué a las diosas que no se enojara.

—Fue mi marido.

Algo crujió dentro de mí. De modo que esa mujer infinita, diminuta, milenaria, tenía la misma historia que tantas otras: un marido violento la dejó postrada y le rompió la vida.

Guardé silencio, intenté formular la siguiente pregunta, pero me pidió que me fuera, necesitaba descansar. No insistí. Si algo enseñan los años, es a respetar el ritmo de las otras personas. Pero no puedo negar que me he quedado con un deseo inmenso de volver a buscarla para que hable conmigo. Ya veremos si el tiempo favorece la conversación.

Y luego he venido a mi casa a repasar los seis capítulos que componen *Mexicanas en pie de lucha. Reportajes sobre la resistencia ante el Estado machista y las violencias*, y pensé que la historia de esa mujer que camina encorvada por las calles está indisolublemente ligada a las historias de las mujeres que se cuentan en este libro, que la situación límite en la que la dejó ese marido violento suma también la responsabilidad de un Estado sordo y ciego que poco ha querido asumir su deber no sólo en la construcción de un sistema más justo, sino de un destino menos amenazante y peligroso. Un destino que parece inevitable cuando naces mexicana y tu acta de nacimiento registra "sexo femenino" como prefacio al relato de una vida llena de violencias.

Daniela Rea cuenta en el capítulo "Sostener la vida: el retroceso que trajo la pandemia" la historia de Rosa, que a sus

17 años abandonó el segundo semestre de preparatoria, pues llegó la epidemia del covid-19 y en casa no tenía internet para responder las tareas, conectarse a las clases en línea, seguir con la educación a distancia.

Rosa tuvo que posponer su vida para ocuparse de generar un ingreso, apoyar a la madre trabajadora doméstica, en fin, sacrificarse para sumar el salario de 350 pesos que gana por limpiar las áreas comunes de un edificio de cinco pisos: escaleras, vidrios, ventanas. Esos 350 pesos hay que repartirlos entre el gasto del transporte y, si le gana el hambre antes de volver a casa y tiene que comprar algo para entretener la tripa, bajar otro tanto al ingreso recibido, hasta que finalmente vuelve a casa en Los Reyes, La Paz, luego de cinco horas diarias en el transporte público, y entrega el dinero a Lourdes, su madre.

Ésas son sus aspiraciones cotidianas, no gastar demasiado de los 350 pesos cuando la llaman para limpiar el edificio, y así poder cooperar con el ingreso de la familia.

Y es que, como apunta Daniela Rea, las mujeres cuidamos. Según datos de la CEPAL y del Inegi que se detallan a lo largo del capítulo, 90 millones de personas mayores de 12 años realizan trabajos domésticos y de cuidados en sus hogares sin recibir remuneración; 71% de esos trabajos son realizados por mujeres. Con la pandemia todo empeoró, el trabajo doméstico remunerado cayó en México más de 30%. Y las mujeres que trabajan y perciben un ingreso como Rosa tuvieron que renunciar a sus aspiraciones educativas y profesionales. Sacrificarse por otros. Ése se vuelve el destino infranqueable. Lourdes, la madre de Rosa, comenzó a trabajar a los 9 años de edad, cuando su madre salía a limpiar casas y Lourdes se quedaba cuidando a sus cinco hermanos menores. Luego esa mezcla de destino con oficio se hereda y todas las hijas van dedicándose a ser trabajadoras del hogar en casas ajenas mientras privan a sus propios hijos de su presencia.

"Es una cruel paradoja de nuestras vidas, no tener derecho a cuidar el fruto de nuestro vientre", remata Daniela.

La carga emocional de eso es muy dura. El componente adicional es la variable repetida de un padre que abandona. Así que la labor primordial de ellas es dedicarse al cuidado de los hijos —o los hermanos pequeños— para que esa pareja, presente o ausente, se dedique a alguna actividad laboral.

Nadie es responsable de que la pandemia del coronavirus llegara justamente en el sexenio de AMLO y la "4T", pero no hay manera de eximir la responsabilidad de un gobierno que ha perpetuado un sistema donde, cito a Daniela Rea: "el Estado mexicano destina 0.1% del PIB a los cuidados, pero los cuidados no remunerados representan 22.8% del PIB. Evidentemente algo no está bien. Evidentemente, en esta ecuación, alguien está ganando. Y no son las mujeres".

También es verdad que nunca, en la historia de México, ha habido un gobierno particularmente ocupado de procurar políticas públicas con perspectiva de género. Por eso cada logro ha sido una conquista que han dado mujeres organizadas desde hace más de 40 años.

Claudia Ramos cuenta en el capítulo dos "Mujer / escucha / ésta es tu lucha" cómo todo se remonta a la Primera Conferencia Mundial sobre la Mujer de 1975, organizada por la ONU en la Ciudad de México. Desde entonces y pasando por hitos determinantes en los años ochenta y noventa, mujeres como Aída González Martínez, Guadalupe Rivera Marín, Ifigenia Martínez, Antonieta Rascón y tantas otras empujaron activamente la agenda feminista sin importar el partido político con el que simpatizaran. Era urgente la necesidad de hablar de control natal para las mujeres: la prevalencia en el uso de algún método anticonceptivo, que en 1972 era de 30.2%, para el 2002 se incrementó a 70.8%; eso fue resultado de una lucha constante de mujeres de todos los espectros políticos.

Otro salto fundamental vino después de la conferencia de Pekín, en 1995, cuando México por fin reconoció la "violencia intrafamiliar" que hoy nos permite hablar de violencia de género.

En 2001 fue creado el Instituto Nacional de las Mujeres y, cuando en 2006 se alcanzó el punto crítico de asesinatos de mujeres en Ciudad Juárez, se creó la Comisión Especial de Feminicidio para investigar con protocolos adecuados este delito. Sin embargo, fue hasta 2012 que se tipificó el feminicidio en el *Diario Oficial de la Federación*.

Y si bien el 7 de septiembre de 2021, la Suprema Corte de Justicia de la Nación declaró inconstitucional la penalización del aborto, aún queda un arduo trabajo legal para garantizar los derechos de las mujeres en México.

Hacer este recorrido histórico es vital porque deja clara una cosa: las mujeres no estamos organizadas contra un gobierno en particular, no tenemos una agenda oculta para perseguir al presidente en turno, como ha sugerido tantas veces en su discurso Andrés Manuel. Esta batalla lleva más de 40 años si la acotamos a un periodo contemporáneo. No se trata de una afinidad o un rechazo partidista. El objetivo es encontrar la manera de poner alto a la crisis que ha escalado a niveles de violencia nunca vistos con 11 feminicidios cada día, con formas cada vez más sádicas y brutales de atentar contra la vida de las mujeres.

En el capítulo tres, "La autoproclamada 4T, ¿será feminista o no fue?", Ivonne Melgar hace un justo análisis sobre una administración que llegó con la promesa de ser "el gobierno más feminista de la historia".

A todas luces, la promesa no se ha cumplido.

Desde las movidas en el gabinete se ha mandado un mensaje representativo, por ejemplo, con el caso de Olga Sánchez Cordero, quien fuera la secretaria de Gobernación y cuya postura era la única abiertamente feminista dentro del cuadro más cercano de AMLO.

Sánchez Cordero no logró, como señala Ivonne Melgar, entusiasmar a sus compañeras de gabinete de la causa de perspectiva de género, por lo que realmente su paso por Gobernación no propició cambios fundamentales.

Las otras mujeres del equipo a cargo de distintas secretarías como Luisa Alcalde, Rocío Nahle o Alejandra Frausto poco se han atrevido a cuestionar los dichos machistas del presidente o el apoyo que Morena dio como partido a Félix Salgado Macedonio cuando se postulaba como candidato a gobernador del estado de Guerrero, a quien el presidente mostró todo su apoyo a pesar de los delitos de violación de los que presuntamente Salgado Macedonio es responsable.

En el caso de Claudia Sheinbaum, jefa de Gobierno de la Ciudad de México, se ha marcado una clara distancia entre ella y el movimiento feminista. La postura de Sheinbaum se fue endureciendo con las marchas de marzo, agosto y noviembre del año 2019; para febrero de 2020, cuando las mujeres nos movilizamos a las calles por los asesinatos de Ingrid Escamilla y la niña Fátima Aldrighett, de 7 años, la respuesta del gobierno capitalino incluyó un enorme despliegue de policías con extintores de gas pimienta.

A esto se ha sumado el discurso consistentemente descalificador al movimiento feminista por parte de Andrés Manuel. Primero dijo que 90% de las llamadas de emergencia al 911 por violencia de género eran falsas; luego, que el feminismo surgió hace un par de años con raíces conservadoras para afectarlo a él y su gobierno. Ninguna de las integrantes del gabinete del presidente parece estar dispuesta a conversar con él, a corregirlo cuando hace estas declaraciones equivocadas sobre estadísticas o los años de lucha que tiene el movimiento de las mujeres. Cuesta encontrar razones para calificar a este gobierno como el más feminista de la historia.

Pero más allá de la apreciación, los discursos y los festejos, la forma contundente de conocer las prioridades de un gobierno es a través de la asignación del presupuesto.

El capítulo cuarto de este libro demuestra, con números, cuán poco le importa la equidad de género a la actual administración. "Sin presupuesto de género, el golpe que viene del gobierno", escrito por Nayeli Roldán, desmenuza con rigor el manejo de recursos que la 4T ha ido recortando y cancelando para los temas de la agenda feminista, como las estancias infantiles, que tienen un alcance insospechado en el desarrollo de la autonomía económica de las mujeres que son madres. La ecuación es muy simple: una madre soltera necesita trabajar para sostener a sus hijos, pero no puede llevarlos a trabajar con ella; las estancias infantiles son determinantes para que este sistema de sobrevivencia y generación de recursos se sostenga.

Con Andrés Manuel vino el rechazo a todo lo que hubiera sido construido antes de su gobierno, particularmente si venía tocado por la mano de Felipe Calderón, con quien —para nadie es un secreto— Andrés Manuel sostiene una acendrada rivalidad. Ése fue el caso de las estancias infantiles que en 2019 AMLO señaló por corrupción, y vino el cierre en cascada sin los debidos procesos de evaluación para determinar bien cuántas podían seguir trabajando. La solución clientelar de entregar un monto de mil 600 pesos bimestrales a las madres dista mucho de ser una mejoría, todo lo contrario.

Como dice Nayeli Roldán, esta decisión lo cambió todo; para peor, agrego yo.

Aquí un dato: hasta 2018, el programa de estancias recibía 4 mil millones de pesos anuales de presupuesto, pero para 2022, el programa de entrega directa sólo tuvo 2 mil 700 millones de pesos. ¿A cuántos miles de madres afectó este cambio? Seguimos sin saberlo.

Para seguir con el desmantelamiento presupuestal: en 2018 había 129 programas dirigidos exclusivamente a las mujeres, y en 2021 quedaban 39.

En 2020, la Cámara de Diputados aprobó 59 mil millones de pesos para los 39 programas, pero la Secretaría de Hacienda revisó el gasto hacia fin de año y autorizó designar menos, lo que en la práctica representó 4 mil 152 millones de pesos de recortes.

Las mujeres, particularmente las que son madres, sostienen la economía de este país de muchas maneras que no se visibilizan. ¿No podría el Estado devolver un poco de eso reconsiderando las asignaciones del presupuesto?

Pero ¿cuánto vale la vida de una mujer? Si es chocante pensarlo en términos de asignación del gasto público, es demoledor responderse a la luz de 11 feminicidios al día con más de 93% de impunidad. ¿Por qué los feminicidas —pareja sentimental de la víctima en la mayoría de los casos— matan? Porque pueden. Porque nada ni nadie se los impide, nada ni nadie los castiga. Impunidad.

Es desolador y desesperante ver cómo la curva de feminicidios crece y crece desde los últimos 20 años por más políticas públicas, aprobación de leyes y asociaciones dedicadas a tratar de detenerlos. ¿Por qué no logramos que la tendencia cambie? Impunidad. De nuevo, los hombres matan a sus mujeres porque pueden.

"Feminicidios: justicia ciega" es el quinto capítulo de este libro escrito por Valeria Durán.

Fátima Quintana vivía en Toluca, tenía que regresar a casa de la escuela por la tarde de ese 5 de febrero del año 2015. No regresó. Su madre encontró su pie cercenado: a Fátima le cortaron el cuerpo 90 veces, la violaron, le tiraron encima dos piedras de más de 30 kilos que finalmente le causaron la muerte por traumatismo craneoencefálico. Tenía 12 años, soñaba con ser doctora y amaba la poesía: había ganado un concurso de declamación con un poema de Rubén Darío, "Margarita, está linda la mar", y ya no pudo ir a recoger su premio.

¿Justicia?

La jueza del caso dijo que no podía tipificar el asesinato de Fátima como feminicidio porque no estaba segura de que Fátima ya hubiera tenido su primer periodo menstrual.

No se pudieron realizar pruebas genéticas del cuerpo para identificar a los tres sospechosos del asesinato porque las autoridades no contaban con tiras reactivas. Fue Lorena, la madre de Fátima, quien con ayuda de los vecinos estuvo buscando los cuchillos con los que hirieron a su hija y que quedaron en la zona del crimen.

La dolorosa historia de Fátima es sólo una de miles. En 2020 y 2021 se registraron cerca de 3 mil asesinatos de mujeres cada año. El problema es que no todos se tipifican como feminicidio y se quedan en un limbo muy cómodo para el sistema judicial.

Por eso Valeria Durán afirma hacia el final del capítulo que en México el feminicidio no sólo es perpetrado por una persona, sino que también es encubierto por las negligencias de un sistema judicial que es un paraíso para esa impunidad de 93 %. Los feminicidas matan porque pueden.

Pese a todo, queremos tener esperanza: nos la merecemos, la necesitamos. Miles de mujeres antes que nosotras se dejaron la piel para conseguir los derechos que hoy tenemos. Nosotras no podemos rendirnos, y el relevo generacional de las morras ha venido como un viento fuerte a removerlo todo.

"Que tiemble el Estado" titula el capítulo seis Laura Castellanos, haciendo alusión a la *Canción sin miedo* de Vivir Quintana. Supimos que podíamos hacer temblar a este país el 8 de marzo de 2020 cuando inundamos, como nunca, las calles marchando por el Día Internacional de la Mujer:

se habla de entre 80 mil y 250 mil mujeres asistentes ese día. Yo estaba ahí. Nunca, en 20 años, había visto no sólo a tantas mujeres tomar las calles, sino tan diversas, de todas las edades, contextos sociales; era un despliegue deslumbrante que iba desde numerosos contingentes hasta pequeños pero muy repetidos núcleos que reunían a tres generaciones: abuelas, madres, hijas.

Con esa marcha se hizo transversal la conversación sobre la violencia de género. Al día siguiente decidimos parar y convertir al país en un día sin mujeres, y también fue notable la respuesta.

Como explica Laura Castellanos, el movimiento feminista se popularizó; el tiempo de tolerancia llegó a un límite luego de 20 años de ver crecer los feminicidios, las desapariciones de mujeres, las agresiones sexuales y, sobre todo, la respuesta pobre o indiferente del Estado.

Andrés Manuel volvió a señalar a las mujeres de conservadoras y vándalas, pues se atribuyó como destinatario de las protestas, como suele hacerlo. Habrá que repetirlo cuantas veces haga falta, en los últimos 20 años no ha habido un gobierno que se haga cargo de la crisis humanitaria que estamos viviendo. "Se mata a las mujeres en la cara de la gente" es más que una consigna para salir a marchar: resume de manera escalofriante lo que está sucediendo. Entre los sexenios de Felipe Calderón, Peña Nieto y el primer año de López Obrador, 15 mil mujeres y niñas desaparecieron. Del año 2015 al 2020 los feminicidios han crecido de forma sostenida, y los casos de militares y policías involucrados en violaciones y feminicidios siguen presentándose. Eso nos convoca, por eso nos sentimos impelidas a salir a las calles.

La pandemia del covid-19 detuvo el impulso de aquella marcha de marzo del 2020, sin embargo, otras formas de organización han surgido: digitales, en pequeñas brigadas que intervienen los espacios públicos, como cuando Palacio Nacional recibió la proyección de "Un violador no será gobernador" a propósito de la candidatura al gobierno de Guerrero de Félix Salgado Macedonio.

La toma de las instalaciones de la CNDH por un grupo de madres de hijas desaparecidas, y desde 2019, la aparición de la tromba del #MeToo para denunciar en redes sociales a hombres abusadores en el mundo editorial, académico, del cine, de la publicidad, del periodismo.

En uno y otro frente el mensaje está claro: nos tenemos unas a otras y sabemos —lo hemos sabido por generaciones— que para cambiar este sistema patriarcal, violento y feminicida necesitamos estar juntas y organizadas.

A menudo pienso que ese "si tocan a una, respondemos todas" entraña una verdad perturbadora. Es así porque todas o casi todas —9 de cada 10, dirán las estadísticas— hemos sufrido algún tipo de violencia.

¿O de qué tamaño es el espectro de lo que no vemos, de lo que aún no se ha contado? ¿Cuántas historias caben entre la de esa anciana que camina encorvada por las calles, con el cuerpo roto por su marido, y Fátima, la niña de 12 años que no pudo recoger su premio de declamación de poesía?

ALMA DELIA MURILLO

Introducción

El periodismo busca servir a la sociedad. Uno de sus principales cometidos es y seguirá siendo abonar al entendimiento de la realidad para saber dónde estamos y hacia dónde elegimos avanzar. Lo hace explorando la escala de grises de la sociedad, pero desde una posición muy clara: la defensa de los derechos.

Este libro es una aportación a la discusión del movimiento feminista desde el periodismo. Busca poner en contexto las historias de resistencia y su lucha, más allá de ideologías políticas y gobiernos en turno.

Si bien las académicas han explicado el feminismo durante décadas, es indispensable sumar a las periodistas. Ellas han documentado las violencias a las que estamos expuestas por el solo hecho de nacer mujeres. Han reporteado en terreno los atropellos institucionales y los cálculos políticos que niegan derechos. Han escuchado a las víctimas de feminicidio y atestiguado la transformación de las formas de protesta. Han registrado los avances y el retroceso del feminismo a la misma velocidad en la que ocurren.

Por eso este libro debía ser escrito por periodistas. Cada uno de los seis capítulos es una sólida investigación que refleja los años de reporteo en nuestros respectivos temas. En cada texto exponemos hechos, contextualizamos datos y narramos las vidas de otras mujeres para echar luz sobre el problema de raíz: el Estado machista y sus violencias.

Partimos explicando en qué punto estamos, y documentando una de las violencias institucionales más normalizadas: la invisibilización del trabajo de cuidados. Las mujeres sostenemos la economía, pero nadie quiere reconocerlo. Lo demostró la pandemia del covid-19, que hizo retroceder a las mujeres al menos una década. Pospusieron la escuela, renunciaron a sus empleos, se precarizó su economía. Regresaron a las casas, pero con triples jornadas a cuestas.

Para dimensionar las pérdidas es indispensable saber cómo llegamos aquí. Sólo conociendo la historia del feminismo en México —que logró el derecho al voto hace apenas 67 años, y el uso libre de anticonceptivos hace 50— entenderemos que éste no nació para ser "opositor" de un político, ni que somos "infiltradas" como lo han dicho algunos para atacarnos.

En 2018, con la llegada de la izquierda al poder se esperaban los tiros de precisión. ¿La ansiada conquista de la paridad en los espacios de poder abonó a los derechos de las mujeres? ¿El gobierno de Andrés Manuel López Obrador es el más feminista de la historia? Ahí está el periodismo para verificarlo.

Tener un gabinete paritario no es sinónimo de feminismo si el poder lo concentra un solo hombre. Tampoco si el presidente mantiene el pacto patriarcal defendiendo a un presunto violador por cálculos electorales y por encima de las leyes. O que se niegue a reconocer que aún en los problemas generales, como la desigualdad o la pobreza, las mujeres estamos en condiciones de mayor desventaja.

Por ello las economistas feministas llevan décadas empujado presupuestos de género que cierren las brechas de desigualdad. No basta con diseñar programas sociales para el mismo número de hombres y mujeres. De poco sirve haber aprobado un Sistema Nacional de Cuidados si tres años después no tiene un peso para operar.

Si una política pública no está en el presupuesto, es demagogia, y en los últimos tres sexenios, los hombres en el poder sólo han hecho demagogia. En 2020 recortaron 73% el presupuesto para investigar los delitos cometidos en contra de las mujeres. ¿Cómo explicar esa decisión en un país con 10 feminicidios cada día? Evidentemente constituye una violencia institucional.

La impunidad también pasa por el presupuesto. Lo saben las familias de niñas y mujeres asesinadas, orilladas a convertirse en peritos, incluso antes de lidiar con su duelo. Es la violencia del precario e indolente sistema de justicia.

El feminicidio es la demostración extrema de la violencia machista, y, aun muertas, el Estado nos invisibiliza. Ha costado 10 años que 31 estados incluyan las siete causales de feminicidio en sus códigos penales. Pese a ello, sólo cuatro de cada 10 asesinatos violentos de mujeres son reconocidos como feminicidios.

¿Por qué entonces hay más rabia por paredes pintadas que por una mujer asesinada? Sin condescendencia ni descalificación, el periodismo explora por qué las mujeres están destrozando símbolos o tomando edificios: es el Estado el que detona la violencia popular, y no al revés. Son las mujeres contradiciendo el canon de la fragilidad, de la feminidad, poniendo el cuerpo como arma desafiante.

Quienes lean esta obra tendrán elementos para reconocerse en la lucha de los derechos, ese sinuoso camino que pasa necesariamente por hacer visibles las heridas. Sabrán que el feminismo es un movimiento con más de un siglo, forjado y alimentado por mujeres de todos los espectros que nos reconocemos víctimas de un sistema patriarcal y, al mismo tiempo, actoras que pueden cambiarlo.

Sabrán que el feminismo ha roto con el silencio de las mujeres en todo el mundo. Que ha logrado avances nunca gracias a los poderosos, sino a pesar de ellos. Por eso hoy hay mujeres presidentas, diputadas, científicas, ingenieras.

Por eso la interrupción legal del embarazo avanza lento, pero con paso firme en el país.

Hemos hecho escuchar nuestra voz aun ante un Estado sordo, a veces a cuentagotas, a veces a toda marcha. Lo cierto es que, como lo ha demostrado la historia, al feminismo no lo detiene nada ni nadie: ni ninguna pandemia, ni ningún machista en el poder.

NAYELI ROLDÁN
Enero de 2022

Sostener la vida:
el retroceso que trajo la pandemia

Daniela Rea

Es un sábado cualquiera del otoño del 2021. Rosa trapea las escaleras de un edificio de vivienda en el centro de la Ciudad de México. Un vecino baja con su mascota, Rosa se hace a un lado, se recarga sobre el palo del trapeador, se saludan indiferentemente y la suela de sus tenis queda marcada en el piso recién limpio. Rosa resopla, se acomoda los audífonos, saca su celular de la bolsa del pantalón y elige una canción de One Direction. Lo guarda y pasa el mechudo sobre las pisadas.

A lo largo de la mañana, mientras Rosa barra y trapee los cinco pisos, los 124 escalones del edificio, la escena se repetirá con algunas variantes. Los vecinos bajarán y subirán con su mandado, con sus mascotas, con su bicicleta o caja de herramientas. Rosa se hará a un lado y volverá a lo suyo.

Una y otra vez, todos los sábados del mes.

Rosa es una joven de 17 años que hasta hace 14 meses estudiaba el segundo semestre de preparatoria; era la primera persona de su familia en lograr acceder a ese nivel escolar. Pero llegó la pandemia y, como 5.2 millones de estudiantes de educación básica y media superior, Rosa abandonó el salón para cuidar a sus hermanas menores que también se quedaron sin salón de clases. Ni siquiera terminó el ciclo escolar 2019-2020, pues no tenía internet en casa para responder las tareas y exámenes que le dejaron. Ahora que el ciclo escolar 2021-2022 inició, en algunas escuelas con clases presenciales, Rosa no se inscribió: pesan más la necesidad de cuidar a una de sus hermanas que sigue tomando clases en línea, la urgencia del dinero, la inercia de la cotidianidad, la inseguridad personal que siente para remontar.

La pandemia trajo un retroceso para Rosa y cientos de miles de mujeres más que tuvieron que posponer su vida para garantizar la sobrevivencia, ya sea cuidando hijos, hermanes, madres o padres, ya sea trabajando extra para completar el ingreso de casa, ya sea multiplicando turnos. Las mujeres estamos ahí para responder cuando sea necesario, con tiempo, con cuerpo, con capacidad logística. Cuando hay una crisis, una emergencia, cuando hay que resolver la vida cotidiana, escribieron Griselda Franco Piedra, Estefanie Hechenberger Zavaleta, Ana Heatley Tejada y Luz Rodea Saldívar en el artículo "Trabajo de cuidado, desastres y género" publicado en octubre de 2021 en la *Revista de la Universidad*.

Las mujeres ponemos el cuerpo afuera cuando hay que completar el gasto, las mujeres ponemos el cuerpo adentro cuando hay que ahorrar o suplir en trabajos de cuidado.

Rosa es una joven a quien le gusta verse bien. Tiene el cabello largo y teñido de colores morado y verde, que se recoge en una coleta mientras hace el aseo, pero antes de salir a la calle, de vuelta a casa, se lo cepilla y lo deja suelto hasta la cintura. Viste unos jeans blancos, impecables, y sus tenis verde pastel combinan con la sudadera del mismo color. Ella sería la primera mujer, la primera persona de su familia que lograría terminar la preparatoria. Su mamá, trabajadora doméstica, se quedó en tercero de primaria, y su papá, albañil, en segundo de secundaria. Terminar la prepa es una ilusión. Quiere hacerle ese regalo a su mamá, quien ha sido su único sostén. Su padre las dejó y aparece ocasionalmente para chantajear con que lo hayan olvidado o para reclamar si se entera de que su madre sale con algún hombre. Rosa iba bien en la escuela, quería acabarla y luego convertirse en enfermera o abogada.

Pero con la pandemia tuvo que dejarla y convertirse en mamá de sus hermanas pequeñas; después, ya no hubo vuelta atrás, y cuando volvimos a salir de nuestras casas tras los primeros meses de confinamiento, Rosa salió a buscar un trabajo. Por hacer el aseo de las áreas comunes de un edificio de cinco pisos (escaleras, vidrios de puertas y ventanas, azotea), Rosa recibe un pago de 350 pesos. Una quinta parte se le irá en el transporte de ida y vuelta y algún antojo si le gana el hambre antes de llegar a su casa en Los Reyes, La Paz, a dos horas y media de distancia. Rosa no tiene seguridad social aunque trabaje. En México, de todas las personas que tienen un empleo, menos de la mitad cuenta con este derecho.

Las mujeres cuidamos. Y la pandemia trajo consigo la sobrecarga de trabajos de cuidados sobre nosotras. Aún no existen estudios, encuestas, datos que nos permitan saber qué tanto impactó en el cuerpo y en la vida de las mujeres este tiempo de encierro y recesión económica; menos sabemos los efectos que permanecerán aunque volvamos a salir a las calles, pero hay algunas advertencias de ello. Según una encuesta que la Secretaría de las Mujeres de la Ciudad de México aplicó a sus empleadas en julio del 2020, el trabajo de cuidados habría aumentado 32% para ellas. En el año 2019, antes de la pandemia, las mujeres de México dedicábamos 67% de nuestro tiempo semanal a los trabajos no remunerados dentro del hogar, frente a 28% que, de su tiempo, dedicaban los hombres. Es decir, las mujeres invertíamos más del doble de nuestro tiempo en cuidar, cocinar, limpiar, organizar la vida en el hogar, según la Encuesta Nacional sobre Uso del Tiempo de los Hogares de 2019 del Inegi.

La pandemia, el confinamiento, implicó de un momento a otro el aumento de estas horas de trabajo. En los hogares con hijes de pronto las mujeres nos convertimos en profesionistas, cuidadoras, cocineras, maestras. El trabajo profesional, el trabajo doméstico y la escuela de les niñes sucedían de manera simultánea y en el mismo espacio: la cocina, la sala, la mesa del comedor, la pantalla, el puesto de trabajo en la calle. Y no sólo para mujeres madres, sino también para hermanas mayores, como Rosa, que se convirtió en "mamá y maestra" de sus hermanas de 13 y 10 años de edad.

Y así como Rosa dejó la escuela, Celene dejó el trabajo para cuidar a su hija que se quedó sin escuela. Y cada una de nosotras actuamos de alguna manera para que el mundo no se derrumbara afuera y adentro de nuestros hogares. Pero la pandemia no generó una crisis de cuidados, sino que aceleró esa crisis de la que las feministas nos habían advertido hace décadas cuando hablaban de la contradicción del mundo capitalista y la reproducción de la vida.

Una década de retroceso

La CEPAL, en el informe "La autonomía económica de las mujeres en la recuperación sostenible y con igualdad", publicado en febrero de 2021 y en el cual revisa el impacto de la pandemia con perspectiva de género, refirió que esta crisis dejó un retroceso de más de una década en los avances logrados en participación laboral de las mujeres. En 2020, explica el estudio, se registró una contundente salida de mujeres de la fuerza laboral, quienes, por tener que atender las demandas de cuidados en sus hogares, no retomaron la búsqueda de empleo: 54% del total de las mujeres mayores de 15 años de la región no tenían trabajo remunerado, frente a 31% de los hombres.

En México antes de la pandemia la exclusión laboral tenía rostro de mujer: de los 7.1 millones de personas que no tenían trabajo —y lo estaban buscando— 75%, es decir 5.4 millones, eran mujeres. Por cada hombre que estaba excluido del trabajo, había tres mujeres en esa situación.

Para el tercer trimestre del 2020 la exclusión del campo laboral ascendió a 8.7 millones de personas, 1.6 millones más que antes de la pandemia. De este total, casi un millón de nuevas desempleadas eran mujeres. Para el primer trimestre del 2021, es decir, un año después de que iniciara el confinamiento por la pandemia, hubo una recuperación de personas ocupadas comparado con el final del año 2020, y la exclusión laboral que se registró fue de 5.7 millones de personas. En un corte de caja entre el primer trimestre del 2020 y el primer trimestre del 2021, 300 mil mujeres no volvieron a tener un trabajo remunerado, según cálculos realizados por el Centro de Estudios Espinosa Yglesias a partir de las estadísticas del Inegi . Las razones que dieron las mujeres excluidas del mercado laboral estaban relacionadas al género: no tener permiso de su pareja, el embarazo y el cuidado de hijos o personas dependientes; mientras que en los hombres las razones fueron las largas jornadas laborales y el poco sueldo, la falta de conocimientos y habilidades y la edad.

Este primer corte anual después de la pandemia, escribió Roberto Vélez Grajales en un análisis publicado en la revista *Gatopardo* en febrero del 2021, sobre el impacto laboral de la pandemia, nos confirma que las mujeres padecen mayor exclusión laboral y la crisis económica impactó especialmente a aquellas que están en plena edad productiva.

Celene tiene 29 años y dos hijas de 5 y 1.5 años. Ella y su esposo, con quien lleva siete años de casada, viven en Querétaro, una conservadora ciudad del centro del país. Antes de la pandemia su esposo tenía su propia empresa de mantenimiento industrial y Celene trabajaba por su cuenta con una microempresa de decoración de fiestas. En enero del 2020 parió a su segunda hija, y cuando pensaba regresar a la preparación de eventos, llegó el confinamiento. Ella y su esposo se quedaron sin ingreso y decidieron que Celene aceptaría el primer trabajo que saliera y él se quedaría en casa a cuidar a las niñas y esperar para reabrir su empresa.

En este nuevo modelo de familia —familia neoliberal—, refieren las académicas Patricia Rea Ángeles, Verónica Montes de Oca Zavala y Karla Pérez Guadarrama, "la mujer es la principal o una de las principales proveedoras económicas y de cuidados", y esto implica que sean ellas quienes lleven a cuestas el sostén de las familias, ligado a su propio cuidado y al de otros y a su propio deterioro como mujeres que envejecen. Y si bien los hombres poco a poco se integran a las labores de cuidado, empujados por la exigencia de las mujeres sobre la democracia al interior de los hogares, o por su propio desempleo, se trata de un proceso paulatino, gradual y forzado por el nuevo sistema económico global.

En octubre del 2020 Celene encontró un puesto en una comercializadora de harinas de origen animal. Su jornada era presencial y le pagaban 15 mil pesos libres al mes. Las primeras semanas, cuando el trabajo de su esposo aún escaseaba, pudo organizarse con la inversión de roles: ella proveía, él cuidaba. Poco a poco, conforme la vida se reactivaba tras los primeros meses del confinamiento, la empresa de mantenimiento industrial de su esposo empezó a remontar y él ya no tenía tiempo para cuidar a sus hijas. Celene pidió permiso para hacer *home office* y repartirse, entre ambos, el cuidado y trabajo de casa. Sus días se volvieron muy intensos: comenzaba a las 6 de la mañana frente a la computadora a avanzar pendientes, aunque el horario laboral iniciaba a las 8. "A esa hora ya tenía resuelto todo, le ganaba al trabajo para poder amortiguar, que si quiero ir al baño, que si atender a las niñas, la comida. La hora de la salida era a las 5 de la tarde, pero yo me seguía en la noche, después de dormir a las niñas, por si quedaba algún pendiente, o adelantaba el trabajo del día siguiente".

Las horas quitadas a la noche y a la madrugada no fueron suficientes. El trabajo de ambos fue en aumento.

"Él decía que no podía seguir cuidando a las niñas porque tenía que estar tiempo completo en su trabajo y tampoco teníamos quien las cuidara." Hicieron cálculos y, a la hora de ponderar entre el desarrollo profesional de él o de ella, ella volvió a la casa a dedicarse de lleno al hogar. "Y pues tomamos la decisión de que yo tenía que dejar el trabajo porque no tenía con quien dejar a las niñas [...]. Él se dedicó de lleno a remontar su empresa y yo tuve que dejar el puesto. Me puse contra la espada y la pared, y al no tener apoyo en mi trabajo no me quedó más que dar las gracias y dedicarme a las niñas."

Desempleada, Celene volvió al trabajo del hogar y del cuidado, y, además, ayudó a su esposo con la parte administrativa de su empresa personal, llamadas, mensajes, juntas, citas. Sin goce de sueldo.

Los datos de la CEPAL y del Inegi dibujan sólo una parte del problema. Las estadísticas sobre el desempleo femenino siguen mirando el mundo desde la lógica de que la incorporación de las mujeres al mercado es la solución del problema. Pero, como afirman las economistas feministas Silvia Federici, Mariarosa Dalla Costa, Antonella Picchio, Verónica Gago y Lorena Navarro, los cuerpos de las mujeres nos cuentan otras historias: mejorar algunos índices económicos (la rehabilitación del empleo, por ejemplo) no significa que la vida de las mujeres mejore porque seguirá habiendo impactos negativos. La pandemia sólo ha visibilizado todas las contradicciones de un sistema económico que se construye sobre y a partir de las desigualdades de género.

Desde el feminismo aprendimos que la paridad de salario o el estar "ocupada" no es una panacea; es sólo lo que Celia Amorós llama la política de "tierra quemada": cuando no hay un cuestionamiento de las relaciones de desigualdad entre mujeres y hombres, los derechos que adquirimos están vacíos de contenido y el empleo deja de ser una fuente segura de ingresos y derechos sociales.

El concepto de *tierra quemada* viene de una política militar, también llamada *tierra arrasada*, que consiste en destruir en un territorio todo lo que pueda serle útil a un enemigo: originalmente campos sembrados de cereales y otros alimentos, pero también refugios, hospitales, transporte. Las mujeres que ingresamos al mercado laboral lo hacemos en un campo de *tierra quemada*, donde las desigualdades de género no se cuestionan, pero también —y quizá más grave aún— donde ya no existen derechos, no existe seguridad social, menos conciliación laboral.

Celene dejó un trabajo de 15 mil pesos, y haciendo cálculos, su trabajo en casa equivale a eso: la guardería de la niña pequeña, el pago a quien las cuidara en la tarde, el transporte escolar, el trabajo de quien limpiara la casa y cocinara. ¿Equivale realmente a eso? ¿Se trata sólo de acomodar unos números aquí, unos cuerpos allá? Emanuela Borzacchiello, académica feminista, doctora en Ciencias Políticas por la Universidad Complutense de Madrid, dice que los datos, los números, nos cuentan que el problema es la diferencia salarial de hombres y mujeres y la expulsión del mercado laboral de las mujeres en tiempo de crisis. Pero ¿la vida cotidiana de las mujeres qué historias nos cuenta?

"Las economistas feministas nos enseñan que el trabajo de las mujeres está infravalorado no sólo en términos de valor monetario, sino también en tiempo y en estadísticas laborales. Ganamos menos, trabajamos más y casi nunca aparecemos en las estadísticas laborales. Los datos oficiales cuentan 'las ocupadas y las no ocupadas'. ¿Qué no cuentan estas variables?", insiste.

A través de la pregunta de Emanuela trato de tejer una conversación con Celene y con Rosa. No sólo es el desempleo, la falta de independencia económica, de desarrollo profesional, de abandonar la escuela, de precariedad laboral.

"Cuando tuve que dejar el trabajo me sentí frustrada y no sabía qué hacer", me responde Celene cuando le pregunto qué significó volver al hogar. "Como que la parte de mi ser mujer, ser Celene, mi personalidad activa, mi deseo de trabajar, de tener contacto con más gente, sentirme útil y que aporto, esa parte de mí decía: 'Yo sí quiero seguir trabajando, yo sí quiero seguir aquí, me gusta lo que hago, me encanta mi trabajo'. Pero veía a mis hijas y ellas me necesitaban, era prioridad. Buscamos muchísimas opciones y no encontramos."

Celene y yo hablamos por teléfono a lo largo de un mes. Todas las conversaciones que tendremos se pospondrán eventualmente, y cuando sucedan, será en las noches, mientras prepara la cena o alista la jornada del siguiente día. Las llamadas terminarán abruptamente cuando sus hijas —o las mías— lancen el grito de emergencia: una caída, un pleito, el hambre.

"Lloré cuando tomé la decisión. Me dije a mí misma: 'Va a ser temporal y esto pasará y podré regresar'. Sigo esperando eso."

Nuestros cuerpos sufren, se enferman, viven constantemente bajo explotación porque vivimos en una lógica económica que exige que haya trabajos invisibilizados, sin acceso a la ciudadanía, demasiados precarizados, que reciban una remuneración mísera.

Hoy en día con la pandemia —y más allá de ella— lo que se vuelve visible no es sólo la expulsión de nuestros cuerpos del mundo del trabajo, sino que la sostenibilidad de la vida es inalcanzable cuando vivimos en un sistema económico cuyos pilares y centro de atención no son los cuerpos y la tierra, sino los flujos monetarios y la creación de valor de cambio.

Sostener la vida

Lourdes es la madre de Rosa y es trabajadora doméstica. Cada día de la semana va a limpiar y cocinar a una casa distinta. Con el confinamiento, la mitad de sus empleadores la despidieron. La CEPAL calculó que, pese a la evidente importancia del trabajo de cuidados con la pandemia, el trabajo doméstico remunerado cayó en México 33.2%, es decir, una de cada tres mujeres (porque 80% de quienes se desempeñan en esta área en México son mujeres) que trabajaban en el sector perdió su empleo, como Lourdes.

Lourdes, Rosa y sus hermanas viven en un pequeño cuarto en obra negra, ubicado en una azotea en las afueras de la Ciudad de México. El espacio es pequeño, pero tienen una gran terraza: si miran hacia el poniente, se ve la mancha urbana, casi siempre bajo una nata de esmog; si miran hacia el oriente, se ven los últimos cerros no habitados en la zona, sin árboles pero verdes, con esas hierbas y flores silvestres que reaccionan a las primeras lluvias. Ahí les gusta descansar la mirada cuando vuelven de cruzar de un extremo a otro la ciudad, amontonadas en el transporte público, expuestas al contagio.

En el país, 90 millones de personas mayores de 12 años realizan trabajos domésticos y de cuidados en sus hogares sin recibir remuneración. Del total de las horas que se dedican a los cuidados de los miembros del hogar, 71% son realizados por mujeres. ¿Quién cuida y cómo cuida? ¿Es esto solidaridad familiar o abuso del trabajo de mujeres?

Como Rosa nos enseña, las mujeres empezamos a trabajar antes que los hombres: cuando somos niñas, cuidamos la casa, a les hermanes menores. Cuando crecemos y entramos en el mundo del trabajo asalariado, el trabajo doméstico no se elimina, sino que se transforma en una condición de vida que limita nuestras posibilidad de participación en cualquier ámbito de la vida pública y política. Cuando salimos de casa y logramos estudiar y convertirnos en profesionistas, los empleadores prefieren mujeres solteras, porque tienen mayor rendimiento, no tienen las "cargas" de la maternidad y pueden hacer con más facilidad trabajo extraordinario cuando la empresa lo requiere.

¿Se puede medir el valor de nuestro trabajo que por siglos fue invisibilizado? Sí. En México el trabajo de cuidados no remunerado equivale a 22.8% del PIB, según cuentas del Inegi. El trabajo de cuidados supera a cualquier otra actividad económica en el país. Por ejemplo, el sector comercio aporta 18.6% del PIB; la industria manufacturera, 17.3%; servicios inmobiliarios, 9.7%, y construcción, 7.1 por ciento.

Y eso no es todo: en la última década, el trabajo de cuidados aumentó su valor en la generación de riqueza del país en 5%, al pasar de 19.3% en el 2008 a 22.8% en el 2019. Cifra que seguramente será mayor por el aumento del trabajo de cuidados no remunerado que trajo consigo la pandemia. En un intento por cuantificar, medir nuestro trabajo de cuidados, el Inegi calcula que "cada persona participó en promedio con el equivalente a 44 507 pesos anuales por sus labores domésticas y de cuidados". Pero, al desagregar este monto por género, vemos que nuestro trabajo tuvo un valor equivalente a 62 288 pesos, mientras que el de los hombres

46

fue de 24 289 pesos, es decir, aportamos económicamente 2.56 veces más. Y si continuamos con las intersecciones, y al género le agregamos el nivel socioeconómico, el abismo se hace más grande: las mujeres del decil más bajo contribuyeron con 68 041 pesos en promedio al año; mientras que las mujeres del decil más alto aportaron el equivalente a 56 507 pesos en el mismo periodo.

Lourdes, la madre de Rosa, comenzó a trabajar a los 9 años de edad, cuando su madre salía a limpiar a casas ajenas y ella se quedaba cuidando a sus otros cinco hermanos menores. Por eso tuvo que dejar la escuela primaria. A Lourdes le duele particularmente que, pese trabajar toda su vida todos los días de la semana, no haya podido romper el círculo de pobreza con sus hijas, no haya podido evitar que, al menos su hija mayor, siga sus pasos: dejar la casa, cruzar la ciudad, para limpiar otras casas, alimentar otras bocas, calmar a otros hijes. Rosa dejó la escuela para, también, cuidar a sus hermanas menores a raíz de la pandemia.

Aleida Hernández es doctora en Derecho e investigadora del Centro de Investigaciones Interdisciplinarias en Ciencias y Humanidades en la UNAM. Experta en temas laborales y de género, Aleida recuerda cómo en algún momento de la historia y "optimistamente" se pensó que el que las mujeres saliéramos al mercado laboral era una forma de su desarrollo y libertad, de ganar autonomía.

"Pero si sólo lo vemos en el término ingreso-laboral, no alcanzamos a ver que faltan políticas de igualdad en ámbitos menos democratizados como las familias", dice Aleida. Por-que las mujeres salimos al mercado laboral, pero resulta que ahora tenemos tres jornadas laborales: el trabajo profesio-nal, el trabajo del hogar —que ahí nos espera al volver— y el trabajo de los cuidados. "La incorporación al trabajo no cambió la desigualdad de la relación del cuidado, el Estado no lo hizo, no intervino, porque es patriarcal, pero también porque se pensó que en los hogares el Estado no debía entrometerse. Si no democratizamos las estructuras fami-liares, si éstas proyectan en la sociedad lo que somos, ¿cómo desvincularlas? No hay un afuera y un adentro, hay una articulación: tenemos que democratizar la vida pública y la vida en los hogares".

Los días de Celene inician a las 6 de la mañana: a esa hora y hasta las 8 hace quehacer y prepara el desayuno. Luego despierta a sus hijas, y ella y su esposo las llevan a la escuela. Vuelven a casa a desayunar. Si su esposo tiene algún papeleo urgente, ella lo resuelve entre café y trastes sucios. Y se que-da en casa con su hija pequeña hasta que sale a la 1:40 para recoger a la mayor en la escuela. Durante la mañana en casa lava ropa, pañales de tela, cocina, organiza, va al mercado. Al volver de la escuela comen juntas y hacen tarea. Después de este trajín, Celene les da chance de ver televisión durante una hora y media, y es el tiempo que ella tiene para ver sus mensajes, correos, distraerse un poco. Luego salen al parque un rato, y, a las 7:30 de la noche que el esposo llega a casa, cenan. A las 9 de la noche baña y duerme a sus hijas, y un par de horas después, antes de irse a dormir, se pinta las uñas, descansa un poco, platica con su esposo.

—¿Hay algún momento del día en que estés haciendo nada? —le pregunto a Celene.

—En las noches cuando ellas ya están dormidas. Me siento muy cansada y no alcanzo a ver ni una serie.

—¿Cuál sería para ti el lugar ideal?

—Mi situación ideal sería que las niñas fueran a la escuela juntas, escuela de tiempo completo, y yo tener un trabajo que concilie con el de las niñas. Sí quiero volver al ámbito laboral, a una empresa, sentirme involucrada y aportar a algo, pero también quiero estar con mis hijas, verlas crecer, disfrutarlas. Ahorita me siento fragmentada todo el tiempo.

—¿Qué se siente sentirte fragmentada?

—Me siento como presionada, a veces como estancada, como atada. Me siento como en pedacitos. No quiero descuidar mi parte de ser mamá, quiero estar con mis hijas, es una oportunidad que muchas mujeres no tienen, poder verlas crecer. Pero también está mi parte de Celene-godín, de estar en una oficina, aportar, me gusta trabajar; pero no me gustan los malos tratos ni el mal pago, ni los horarios, la falta de prestaciones. Y también está mi parte social, Celene la de los amigos. Y este tiempo he pensado que, de darle mi vida al trabajo, mejor se la doy a mis hijas.

Pienso en lo que dice Celene: muchas mujeres no tienen oportunidad de cuidar a sus hijes porque tienen que ganarse la vida en otro lugar y en otro tiempo. Como Lourdes, la mamá de Rosa, que parió tres hijas y que, para alimentarlas, vestirlas, educarlas, debe atender a las hijas de otras mujeres. Es una cruel paradoja de nuestras vidas, no tener derecho a cuidar al fruto de nuestro vientre.

Pienso en lo que dice Celene: dar nuestra vida. Al trabajo o a les hijes, pero darla. La vida, pareciera, no nos pertenece.

—¿Para qué sientes tú que está sirviendo tu trabajo?

—Yo diría que para nosotros mismos, como familia, en tener la comida lista, la casa bien, bonita. Si no lo hiciera yo, lo haría alguien más, pero representaría un costo, entonces sirve para nosotros mismos, si lo hago yo nos lo ahorramos, ya es un costo menos.

Le comento a Celene que nuestro trabajo, ese que ella hace desde que se despierta a las 6 de la mañana hasta que se duerme, ese que no se paga, representa casi una cuarta parte del PIB nacional. Más que la industria automotriz, más que el turismo, más que la minería. Celene se queda callada del otro lado de la línea, incrédula. Algo así me sentí también cuando leí a Silvia Federici un par de años después de haber parido a mi primera hija: entendí que el capital copta nuestros cuerpos, nuestros cuidados, nuestros sueños. Me sentí un cuerpo usado, despojado de la capacidad de decidir; desconfié incluso de la ternura hacia mis hijas. La fuerza de trabajo la gestamos, la parimos, la criamos, la crecemos, la cuidamos, la vestimos, la educamos, la entregamos.

—¿Qué te hace pensar o sentir esto, Celene?

—Mi mamá decía que en su trabajo no tenía sueldo y nunca tenía vacaciones… ¿Algo que le den a ella para que se compre? Nada. Sólo para la despensa. A final de cuentas nuestro trabajo es para tener seres humanos bien, personas que van a estar listas para que se vayan a laborar, y quien está detrás no está recibiendo nada a cambio. Esto es cierto y también es muy triste.

¿Políticas públicas para el cuidado?

A inicios de la pandemia el gobierno federal lanzó una serie de programas para atender la recesión económica que traería el confinamiento. Las acciones no fueron del todo claras y estuvieron esparcidas en distintas áreas, tiempos y presupuestos. Ana Escoto, doctora en Estudios de Población por El Colegio de México y profesora de la Facultad de Ciencias Políticas y Sociales de la UNAM, rastreó algunos de estos programas hasta noviembre del año 2020, con base en el trabajo del CELAP, y encontró que se destinaron 25 millones de pesos del presupuesto federal para dar créditos a pequeñas empresas que mantuvieran el pago a sus trabajadores registrados ante el IMSS. También se impulsaron los programas de créditos "Tandas para el Bienestar" y el programa de "Crédito a la Palabra", con un presupuesto de casi 28 mil millones de pesos para préstamos de entre

6 mil y 50 mil pesos, el primero orientado a personas no jóvenes en municipios de alta marginación, alta violencia, y priorizando a las mujeres. Además se adelantó el pago de pensión para adultos mayores por dos meses. El impacto de los programas no se ha dado a conocer de manera oficial, pero publicaciones periodísticas como la de Dalila Sarabia en *Animal Político* ponen en duda su eficacia. Según la publicación, para el 2022 "Tandas para el Bienestar", que ha beneficiado a 970 mil personas en tres años de operación, ya no tendría presupuesto designado, pues operaría con el pago del crédito de los beneficiarios de años previos; pero ese monto —en caso de recuperarse en su totalidad— sumaría apenas 11% de los 7 mil millones de pesos que se le destinaron al programa entre 2019 y 2021. Por su parte la Auditoría Superior de la Federación señaló que ese programa no tiene mecanismos de control y seguimiento que permitan conocer el impacto del préstamo y la cantidad de reembolsos.

De manera poco clara, los gobiernos estatales también lanzaron sus propias políticas de contención de la crisis económica por el confinamiento, las cuales consistían en la distribución de créditos, transferencias monetarias y entrega de despensas o alimentos. "Buena parte de las medidas refieren a ampliar las carteras crediticias [...]. En gobiernos estatales y federal estas ayudas consisten principalmente en la otorgación de créditos o incentivos fiscales y administrativos", señala Ana Escoto.

En la Ciudad de México hubo distintos esfuerzos; por ejemplo, la alcaldía de Tlalpan lanzó un programa para apoyar a mujeres cuidadoras de menores de 0 a 5 años: en total entregó 3 686 pesos a 790 mujeres durante dos meses. Otro ejemplo es el del apoyo que la Ciudad de México dio a mujeres trabajadoras sexuales, trabajadoras domésticas y jefas de familia que tuvieran riesgo por la precariedad y violencia doméstica; constó de tres apoyos de 2 170 pesos cada uno.

Más allá de la coyuntura de la crisis económica por la pandemia y de la insuficiencia de políticas públicas para contenerla, lo que es importante ver es que éstas siguen encaminadas a confirmar los roles y estereotipos de género.

"Se esperaba que, dada la carga de trabajo de cuidados, el gobierno otorgara apoyos específicos a las mujeres que cuidan. Pero también hay un doble filo en términos de fortalecer este tipo de políticas públicas que confirman el rol de género en los cuidados", dice Aleida Hernández. "Hay que atender a las mujeres que tienen más carga de cuidados, por otro lado hay que apoyar a mujeres que estaban en el mercado laboral y que se quedaron sin trabajo porque el empleo, la economía se contrajo. ¿Cómo las incorporas de nuevo? Necesitamos la reincorporación al trabajo, pero a trabajos dignos congruentes con las necesidades de cuidado, y necesitamos que los hombres se incorporen a los cuidados."

"No basta con generar soluciones individuales", escribieron Griselda Franco Piedra, Estefanie Hechenberger Zavaleta, Ana Heatley Tejada y Luz Rodea Saldívar en la *Revista de la Universidad*. No basta con delegar los cuidados en otra mujer para que esa mujer salga a trabajar. No basta con ofrecer dinero extra a las mujeres que trabajan de manera adicional ante la pandemia. "Esto únicamente remedia el problema de manera temporal o transfiere la carga de cuidado a otra mujer con vulnerabilidades propias".

Las políticas públicas tendrían que ir enfocadas en la corresponsabilidad entre familias, comunidad, empresas y Estado, dice por su parte Ana Escoto. "Necesitamos jornadas de trabajo que permitan a las personas realizar los cuidados, tanto para hombres como para mujeres. Eso para mí es lo principal: que se entienda que vivimos en una sociedad que necesita cuidados y vamos a cuidar; que se revalore el cuidado, que se ponga al centro".

En noviembre del 2020 la Cámara de Diputados reconoció el derecho a ser cuidado y aprobó el Sistema Nacional de Cuidados (SNC), un organismo que tiene como tarea coordinar las instituciones existentes y sus programas y presupuestos alrededor de la atención al cuidado y a las personas cuidadoras. Es una noticia importante, pero el camino aún va a ser largo. El Centro de Investigación Económica y Presupuestaria, en un análisis que realizó para el posible funcionamiento del SNC, estimó que el gasto actual destinado para el cuidado es de 24 mil 39.8 millones de pesos en 2021 (distribuidos en 12 programas como educación inicial y básica, estancias infantiles, guarderías, escuelas de tiempo completo, programa de apoyo para hijos de madres trabajadoras, programa de apoyo para refugios para mujeres víctimas de violencia, seguros de vida para jefas de familia, entre otros), recursos que se han reducido 34.4% desde 2017.

El Estado mexicano destina 0.1% del PIB a los cuidados, pero los cuidados no remunerados representan 22.8% del PIB.

Evidentemente algo no está bien. Evidentemente, en esa ecuación, alguien está ganando. Y no son las mujeres.

Reciprocidad, comunidad, autonomía

La CEPAL, como cité al inicio de este texto, dijo que la pandemia trajo consigo un retroceso de una década para las mujeres, porque el porcentaje de mujeres que trabajan y reciben un salario después de la pandemia es igual al de hace una década. ¿Formar parte de un sistema laboral capitalista que nos exprime y no nos permite conciliar con los cuidados, con la crianza, es a lo que aspiramos, lo que queremos? ¿Qué significa este retroceso en términos de nuestras vidas?

"Volver a salir de las estructuras familiares donde se instalan estos roles de género implica sortear de nuevo todos los retos que se sortearon cuando lograron ingresar al espacio laboral", dice Aleida Hernández. Cuando se habla de un retroceso de 10 años, significa que quizá muchas de esas mujeres que salieron del espacio laboral o educativo ya no regresen, porque las estructuras familiares y laborales tradicionales son difíciles de volver a abrir.

"Este retroceso implica que las mujeres están teniendo menos ingresos y están en situaciones donde tienen menos posibilidades de negociar dentro del hogar y vuelven de nuevo hacia la polarización en la división sexual del trabajo", dice Ana Escoto, "porque las mujeres vuelven a la esfera privada y esto implica que no hay espacios de democratización de la vida familiar, de la vida social". Y una familia, una sociedad menos democrática en términos del género, puede llevar a aumentos en las violencias y al mismo tiempo estamos perdiendo la creatividad, la imaginación, la acción de las mujeres en la vida pública.

¿Por qué, si es tan evidente el trabajo de cuidados, si es evidente que sin ellos no existiría sociedad alguna, por qué no los vemos, no lo reconocemos? ¿Qué hay detrás de ese no querer reconocerlo?, les pregunto a Aleida Hernández y Ana Escoto.

"Si puede una sociedad seguirse sosteniendo en la vida de las mujeres, en su trabajo, pues sigamos. Es un amor extractivista, es más fácil no mover esa estructura. No se quiere cambiar eso porque quedaría huérfana la sociedad", dice Aleida. "Amamos a las mujeres retóricamente; la sociedad les da las gracias por un trabajo que realiza no pagado, un trabajo fundado o sostenido en la función de amor, por eso es un amor extractivista, porque a partir del anclaje del amor les extraemos a las mujeres trabajo, fuerza, destino, energía, proyecto de vida, vinculando lo que hacen con el amor a nosotres, a todes, a la sociedad, a cambio de dar las gracias —retóricamente en la mayoría de los casos—."

Aleida lanza un abismo:

"Cuando Nietzsche dice: 'Dios ha muerto', ¿qué ponemos en su lugar? Si las mujeres terminan por ser iguales que los hombres, ¿qué ponemos en su lugar? Ese vacío de nosotras ¿quién lo va a llenar? Es la orfandad de una sociedad."

Aleida recuerda que cuando esta frase del filósofo alemán se enunció, la Europa ilustrada de 1882 se escandalizó por la prácticamente blasfemia y, porque en el fondo, en un sentido filosófico y existencial quedaría un vacío, y se preguntaban en ese momento con qué se podría llenar la ausencia de Dios.

Aleida traza una hipótesis: "En el caso de las mujeres que históricamente hemos dado todo para les otres, hemos sido para les otres, ¿quién, si las mujeres dejan de hacer todo eso que es dar la vida, va a llenar ese vacío? Es un vértigo al que nos enfrentamos las sociedades, porque si las mujeres no están dándolo todo por amor, ¿quién?, ¿cómo se va a llenar ese vacío que están dejando?".

Es decir, si nos fuéramos todas a no cuidar, a hacer lo que queremos, estudiar, amar, gozar, alguien tendría que llenar todos los espacios de cuidados. "Por eso es indispensable la democratización de los hogares y la sociedad. La única respuesta es que todas y todos nos coloquemos en ese lugar, llenando ese vacío, incorporarse a ese espacio los hombres y las sociedades, trabajar con la noción de comunidad que llene el vacío que dejarían las mujeres".

Si ese vacío no se llena, ¿qué pasa? La pregunta abre ante nosotras un abismo. Sabemos que sin los cuidados la vida no existiría. Pero hay que hacer un esfuerzo por nombrar qué sería de la vida sin cuidados.

Cuando las políticas públicas no llegan, o llegan demasiado tarde, las prácticas de cuidado puestas en marcha por las mujeres vuelven a poner en el centro la sostenibilidad de la vida, reconstruyendo la comunidad a partir de otras palabras clave como la reciprocidad, la autoformación y la autonomía.

A raíz del desempleo, Celene y otras dos amigas —también mamás que dejaron o perdieron su empleo por la pandemia— comenzaron a planear una microempresa de venta de granos y producto deshidratado: una revisa la parte técnica, certificados de calidad, y otras dos prospectan clientes, ventas, catálogo. Además, Celene intenta reactivar el pequeño negocio que tenía de decoración de fiestas: ahora lo lleva con una prima que tiene una hija de 19 años con discapacidad a quien contrataron para tareas como llenar las bolsitas de dulces, frituras, pegar etiquetas.

"Estamos contentas y emocionadas porque somos mamás y somos comprensivas con el tema de horarios y cuidado de hijos. Sabemos que desde la 1 de la tarde que tenemos a hijos en casa, hasta las 9 de la noche que duermen, no nos molestamos. Tratamos de empatar los horarios, de acuerdo a nuestras tareas del hogar".

Rosa continúa en el trabajo los sábados. Entre semana se convierte en la mamá de sus dos hermanas menores: lleva a una a la escuela, a otra la cuida en casa mientras toma sus clases presenciales; les prepara de comer, organiza la vida cotidiana, mientras su madre cruza la ciudad para limpiar casas ajenas a cambio de un pago que les permita tener lo básico de comida y vivienda. Un sueldo que no satisface la salud, la diversión, la escuela. En un rincón de su cuarto quedaron los cuadernos del primer y segundo semestre de preparatoria:

—Un día los voy a retomar y voy a volver a estudiar para ponerme al corriente —dice mientras mira cualquier cosa en su celular sin mucho interés en mis preguntas.

—¿Cómo te sientes de haber dejado la prepa y cuidar a tus hermanas?

—No sé —responde Rosa mientras levanta los hombros.

—…

—Supongo que así es, nos toca ayudar en nuestras casas, y por mí está bien, quiero ayudar a mi mamá y si así la ayudo por mí está bien. Sí me siento triste, como presionada porque yo quería hacer mi prepa, y, bueno, la voy a hacer, voy a regresar para terminarla.

Rosa ahorra una parte de su salario limpiando el edificio para pagarse un curso de regularización y terminar la preparatoria abierta para sí misma y también para su mamá. Con la prepa abierta tendrá tiempo para cuidar a sus hermanas menores hasta que se valgan por sí mismas.

Posponer la vida, estirar los límites de lo posible, en un intento por recuperar sus sueños, por decir: "Esta vida me pertenece".

Mujer / escucha / ésta es tu lucha

Claudia Ramos

A la entrada del edificio diseñado por Pedro Ramírez Vázquez que hoy alberga el Centro Cultural Universitario Tlatelolco (CCUT), hay un mostrador tapizado con un bellísimo *collage* de miles de sellos postales en el que poca gente repara. Quienes visitan el conjunto arquitectónico de la Torre Tlatelolco pueden distinguir el mueble si necesitan guardar algún objeto: en estos días cumple funciones de paquetería. Nadie en el Centro Cultural sabe cómo llegó ahí y mucho menos dónde quedó la mitad del mueble, pues ya no está completo. En la época en que el recinto era sede de la Secretaría de Relaciones Exteriores, el mostrador se encontraba a la derecha de la entrada del edificio anexo, al doble de su tamaño actual y con todo el esplendor simbólico del que lo dotaron las mujeres que lo intervinieron hace 46 años.

Ese mostrador es testigo irremplazable de las políticas públicas que empezaron a aterrizar las demandas del movimiento de mujeres en México, tras la consecución del voto, durante la Primera Conferencia Mundial sobre la Mujer, organizada por la ONU en 1975 en la capital del país. El mostrador ocupaba la recepción de la Cancillería y ahí se recibieron todas las comunicaciones que se cruzaron entre Relaciones Exteriores y las 133 delegaciones que llegaron a México. El grupo de mujeres del cuerpo diplomático que coordinaba el encuentro, encabezado por la embajadora Aída González Martínez, tuvo la inspiradora idea de despegar las estampillas de los sobres y pegarlas en el mueble. Para el 19 de junio de ese año, día en que inició la conferencia, estaba completamente tapizado.

Desde entonces el mostrador permaneció en la recepción del edificio de la Cancillería como un símbolo del trabajo incansable que en México las mujeres organizadas en la política, en la sociedad civil, en la academia, en los barrios y en las calles han realizado en pro del reconocimiento de sus derechos… hasta 2007, cuando llegaron los nuevos huéspedes. Alguien en el CCUT decidió romper el mostrador: la mitad preservada recibe a las visitas, ignorantes del legado que resguarda el mueble donde depositan sus mochilas, y la otra mitad fue olvidada en la esquina oscura de algún sótano.

Toca hoy recuperar su memoria histórica, que es al mismo tiempo un ilustrativo fragmento de la lucha de las mujeres en México, hostigada como siempre —pero también como nunca antes— desde el poder político, en un intento por sepultar en el sótano de la historia su agencia y trayectoria, y por regatearle su primerísimo lugar en la lucha de los movimientos sociales del país.

Señor, señora / no sea indiferente / se mata a las mujeres en la cara de la gente

En la conferencia matutina del 29 de septiembre de 2021, el presidente Andrés Manuel López Obrador afirmó que el muy vocal y activo movimiento feminista que vemos por estos días "había empezado dos años antes" para "afectar" su gestión. El pronunciamiento llegó tras la molestia y el desencuentro generados por una serie de movilizaciones en las céntricas calles de la Ciudad de México y otras ciudades del país en 2019 y 2020, en protesta por el incremento de la violencia contra las mujeres. Sólo que el movimiento organizado de las mujeres en México es más añejo que los dos años atribuidos, y sus motivaciones son ajenas a las "afectaciones" que puedan padecer los gobiernos en la lucha por eliminar las condiciones de desigualdad histórica entre mujeres y hombres. Tampoco es la primera vez que las critican o agreden por demandar sus derechos.

Desde las pioneras del sufragio femenino en los inicios del siglo XX, infinidad de mujeres se han movilizado en los últimos 100 años por el reconocimiento formal de sus derechos políticos, económicos y sociales. Los movimientos feministas y de mujeres en la década de los setenta promovieron las primeras políticas públicas sobre los derechos sexuales y reproductivos, que, 50 años después, cosecharon en la Suprema Corte de Justicia de la Nación (SCJN) la resolución para que ninguna mujer y persona gestante en el país fuera criminalizada por abortar. Legisladoras y organizaciones de mujeres, en los noventa, obligaron en el Congreso a reconocer el grave problema de violencia, acoso sexual y feminicidios, e impulsaron las primeras normativas para combatirlos. Más movimientos organizados de mujeres, en los albores del siglo XXI, escalaron la denuncia y documentación de la violencia contra las mujeres a raíz de la intervención del Ejército en las tareas de seguridad pública. En años recientes, miles de jóvenes han tomado las calles para denunciar que las están matando, y que se quieren y se exigen vivas en un contexto social global que se opone al avance del reconocimiento de sus derechos. En la actual LXV Legislatura, legisladoras de distintos partidos y el movimiento de mujeres continúan trabajando para alcanzar la paridad en todo el aparato estatal.

El recorrido ha sido arduo para mujeres de todo tipo de posiciones partidistas, ideológicas y sociales, que no sólo han tenido que luchar por la igualdad jurídica, laboral, social y familiar, sino que también han tenido que batallar para hacerla valer ante grupos de poder y sociales, que desde entonces cuestionan las luchas y los métodos del movimiento de mujeres. Pero también ha sido muy pedagógico: para avanzar en sus demandas, las mujeres, además de aprender a negociar, entendieron muy temprano que no es suficiente con llegar al poder. Para transformar su realidad ha sido indispensable que la lucha sea conjunta: entre todas, llámense feministas institucionales (aquellas que están en posiciones políticas del grupo en el poder o que tienen cargos en la administración pública) o feministas de izquierda, académicas, obreras, activistas o *mujerólogas* en general. Sin el concurso de cada una de estas mujeres, las pioneras del sufragio femenino no habrían podido abrir la puerta de la participación de las mujeres en la política y en todos los ámbitos, desde aquel 13 de enero de 1916, cuando realizaron el Primer Congreso Feminista en Yucatán y se erigieron como la primera organización por los derechos de las mujeres en el país.

Ahora que estamos juntas / ahora que sí nos ven / abajo el patriarcado se va a caer, se va a caer

A las mujeres en México les tomó los primeros 50 años del siglo XX que se les reconociera en la Constitución su derecho a votar. Fue la demanda más importante de su primer movimiento organizado, pero no la única. Antes que el voto, consiguieron que a finales de 1914 se decretara la Ley del Divorcio, que permitió a numerosas mujeres "emanciparse de la condición de esclavitud" en la que se encontraban. Además, temas como la sexualidad, la religión y la prostitución también fueron puestos sobre la mesa de debate.

Después del reconocimiento a su ciudadanía, el siguiente momento cumbre del movimiento organizado de mujeres en México se dio con la reforma en 1974 del artículo 4.º constitucional, que desde entonces establece que hombres y mujeres son iguales ante la ley: paso previo y necesario para la Primera Conferencia Mundial sobre la Mujer, cuya organización correspondió a México. Por primera vez en un foro internacional se reconoció que "la discriminación contra las mujeres no sólo es injusta, ofensiva y violatoria de los derechos humanos, sino que tiene graves consecuencias en el desarrollo de las naciones", como afirmó en la inauguración del evento el entonces secretario general de la ONU, Kurt Waldheim. Se trató del "primer y más grande intento por analizar la inequidad de género desde una perspectiva global", como define la historiadora Pamela Fuentes.

Los resolutivos de la conferencia urgían a los países participantes a hacer concordar sus legislaciones nacionales con los principios y estándares internacionales en materia de participación política de las mujeres y su acceso a la educación y capacitación, empleo, salud y familia, principalmente. Que se les viera como parte activa del proceso de desarrollo y no sólo como receptoras de asistencia.

México, como anfitrión del evento, se comprometió a trabajar en la igualdad de oportunidades entre hombres y mujeres, y armó sus primeras políticas públicas al respecto.

Sin embargo, en lugar de instrumentar programas que posibilitaran la emancipación política, económica y social de las mujeres, se concentró en políticas de población. "Las mujeres adquirieron visibilidad a partir de su papel reproductivo", explica la socióloga y política priista, Dulce María Sauri Riancho. "Recordemos que la década de 1970 es la de la inflexión: de la política de *gobernar es poblar* a *la familia pequeña vive mejor*".

El paso previo a esos años, que la veterana periodista feminista Sara Lovera califica como "de vanguardia", fue la creación del Consejo Nacional de Población (Conapo) en 1974, que dio pie a la realización de la Conferencia Mundial sobre la Mujer en México y a una serie de acciones por parte del gobierno del presidente Luis Echeverría, en respuesta a las demandas de los grupos organizados de mujeres.

"La primera persona que habló de aborto en este país de manera pública fue Silvia Hernández cuando se discutió la Ley de Población en 1974. Yo era reportera del periódico *El Día*. Silvia encabezaba un grupo que se llamaba Mujeres Insurgentes del PRI. Cuando se discute la Ley de Población, ella dice en el Senado que 'hay medio millón de mujeres que se practican un aborto' en México y que había que avanzar. Esto le abrió a Echeverría la posibilidad de negociar con la Iglesia el uso de los anticonceptivos que hasta ese año estuvieron prohibidos en este país: '¿No quieren aborto? No se opongan a los anticonceptivos'", cuenta Lovera.

Este tema no fue discutido en la Primera Conferencia Mundial sobre la Mujer, pero sí en su foro paralelo: la Tribuna de las Organizaciones No Gubernamentales. Mientras las delegaciones de los países participantes estudiaban en la sede de Tlatelolco el Plan de Acción Mundial redactado por la ONU "para resolver los problemas que mantenían a las mujeres en desventaja", en la Unidad de Congresos del Centro Médico Nacional, las ONG debatieron temas como el lesbianismo, el aborto y la prostitución, por un lado, y el trabajo de cuidados tras la incorporación de las mujeres al trabajo formal y el modelo de mujer que serviría como referente para medir el desarrollo, por el otro. Fueron 15 días de debate sobre dos visiones encontradas respecto a cómo avanzar en las demandas de las mujeres, representadas por el feminismo liberal estadounidense y el bloque del movimiento de mujeres de los países del Tercer Mundo, respectivamente. Temas que siguen siendo polémicos 47 años después.

Para la mayoría de los medios mexicanos, cuya cobertura fue investigada por la historiadora Pamela Fuentes como parte de su tesis de maestría sobre la Conferencia, se trató de "un encuentro vano, lleno de discursos que no llegaron a nada novedoso ni concreto": "[...] había demostrado que las mujeres tenían la misma capacidad de razonamiento que los hombres porque, al igual que ellos, organizaron una gran reunión sin lograr conclusiones importantes. Además, de acuerdo con algunos articulistas, las asistentes seguramente habían tenido que regresar a sus casas 'porque el marido sólo les dio permiso de estar aquí hasta el día de la clausura y con el señor no valen estas cosas de igualdad de sexos ni nada por el estilo'". La denostación de la lucha de las mujeres no es novedosa ni exclusiva de estos tiempos.

Para Antonio Lara Barragán, colaborador del periódico *El Universal* citado por Fuentes, "no existió prácticamente ningún comentario favorable de los hombres que se refirieron a la Conferencia, ya que se expresaron de forma cruel, condenatoria o humillante al respecto, anulando así los primeros intentos de las mujeres por hacerse escuchar".

La cobertura mayoritaria de los periódicos de la Ciudad de México fue negativa, muchas veces con tono de desprecio y burla. "El intercambio de ideas y la discusión de propuestas no fueron vistos como un signo de pluralidad, sino como la incapacidad de las mujeres para ponerse de acuerdo, debido a su naturaleza conflictiva", documenta Fuentes.

Según los cronistas mexicanos, en el caso de la Tribuna "dominó la violencia, el desorden o la trivialidad", tras enfatizar "las riñas entre las asistentes e incluso la forma en que éstas iban vestidas o peinadas". El contexto de entonces era la calificación del feminismo como "una ideología burguesa", cuyas militantes eran "raras, extranjerizadas o sospechosas".

Las críticas a ambos foros llegaron incluso a la calle. De acuerdo con la investigación de Fuentes, asociaciones de vecinos y grupos antiderechos se manifestaron alrededor de las instalaciones del Centro Médico Nacional "en contra de las lesbianas" e incluso agredieron a la académica y feminista Nancy Cárdenas, el primer rostro público del movimiento lésbico mexicano, por considerar que "el lesbianismo iba en contra de los valores 'auténticos' de las mujeres mexicanas, quienes tenían la obligación de guardar a la niñez, a la juventud, al hogar y la patria de actitudes 'equivocadas y anti-naturales' que podrían destruir a la familia, considerada por ellas como la esencia de la sociedad". El aborto y la prostitución también fueron objeto de agresivas protestas, como lo siguen siendo casi cinco décadas después.

Y aunque las organizaciones feministas de izquierda que recién empezaban a conformarse a principios de los setenta decidieron no participar en la Conferencia ni en la Tribuna, por desconfiar del gobierno de Echeverría y considerar que "los objetivos reales del Año Internacional de la Mujer eran integrar a las mujeres de estos grupos al sistema y disfrazar los planes de control demográfico en los países del Tercer Mundo", el balance sobre los resultados alcanzados por ambos foros fue positivo: la Conferencia tuvo el mérito de sacar a la luz pública internacional la relevancia de las demandas de las mujeres y posibilitó la oportunidad de tender puentes de comunicación entre mujeres de todo el mundo.

"Se pusieron sobre la mesa problemas que no se habían discutido antes a escala internacional y se propició la comunicación, aunque esto no significó, necesariamente 'estar de acuerdo'. Además, se elogió que las mujeres lograran sacar adelante un Plan Mundial de Acción en el que se marcaron diversos lineamientos que los gobiernos adoptarían —de acuerdo con su propio contexto—, para erradicar la discriminación de las mujeres", explica Fuentes.

"La conferencia se consideró un éxito político de las mujeres del Tercer Mundo, y los documentos surgidos de ella, una contribución fundamental en la búsqueda de un orden económico más equitativo. Sin embargo, no dejó de señalarse que los instrumentos por sí mismos no tenían fuerza de acción, pues para ejecutarlos era necesaria tanto la puesta en práctica como la vigilancia de su cumplimiento por parte de los gobiernos y de las organizaciones internacionales, ambos dominados por hombres. No obstante, estas conclusiones eran útiles para que, cuando las mujeres regresaran a sus respectivos países, tuvieran la posibilidad legal, política, discursiva y de organización para presionar con más fuerza a quienes dictaban las leyes que las regían."

Tres años después de la Conferencia, las organizaciones de mujeres y legisladoras en México ya habían puesto sobre la mesa el debate del aborto como un problema de salud pública, y en 1979, a nombre del grupo parlamentario de la coalición de izquierda en el Congreso, Gilberto Rincón Gallardo presentó la primera iniciativa de ley sobre interrupción del embarazo. En 1983 el debate tuvo un segundo aire cuando se intentó despenalizar parcialmente el aborto en el Código Penal Federal. En aquellos años la mayoría de los estados tenían como excepción del delito de aborto cuando el embarazo era producto de una violación, cuando ponía en peligro la vida de la madre y por malformación del feto. Yucatán era la única entidad que desde 1938 permitía el aborto por grave necesidad económica.

"Yo era presidenta del Comité Estatal del PRI de Yucatán cuando se discutió ese tema, y la senadora Myrna Hoyos tomó la posición de que se homologara el Código Penal Federal a lo que teníamos en Yucatán, y se le vino el mundo encima", cuenta Sauri Riancho, dos veces diputada y senadora, y exgobernadora de Yucatán. "Porque además, por la falta de protocolos, hasta 1984 en Yucatán no había habido una sola interrupción legal del embarazo que estuviera registrada, ni una, por ninguna de las razones permitidas. Así que éste también es un proceso que marcha de la mano de estas políticas de población que empiezan a armarse desde la década de 1970, pero concentradas en los métodos de regulación de la natalidad, no en los derechos sexuales y reproductivos de las mujeres."

Por tal razón, después de la Conferencia Mundial se crea en 1980 el Programa Nacional de Integración de la Mujer al Desarrollo dentro del Conapo, y ahí permanece hasta que en 1996 es sustituído por la Comisión Nacional de la Mujer en la Secretaría de Gobernación, que preside Sauri Riancho; ambos antecedentes del Instituto Nacional de las Mujeres. Para entonces las políticas públicas ya contemplaban líneas programáticas referidas a educación, cuidado de la salud, atención de la pobreza, mujer trabajadora, fomento productivo, mujer y familia, derechos de la mujer y participación en la toma de decisiones, combate a la violencia e imagen de la mujer. Con el trabajo realizado en ese programa, México envió delegaciones a las siguientes conferencias mundiales realizadas en Copenhague en 1980, en Nairobi en 1985 y en Pekín en 1995.

Para Amalia García Medina, exgobernadora de Zacatecas y experimentada política de izquierda y feminista, formada en el Partido Comunista Mexicano, en el Partido Socialista Unificado de México, en el Partido Mexicano Socialista, y fundadora del Partido de la Revolución Democrática, el contexto de estos pasos en favor del control natal fue clave para que las mujeres enfocaran su batalla por los derechos sexuales y reproductivos:

"Entonces había una política que era partidaria del Estado laico en las decisiones de las mujeres. Eso era muy importante, porque el único gobierno latinoamericano que podía hacerlo, con una visión laica muy sólida y arraigada desde el juarismo, era México. Entonces plantear el hecho de que las mujeres tuvieran acceso a métodos anticonceptivos como una gran política pública tuvo mucho impacto."

A partir de ahí confluyeron la consolidación de los primeros y combativos grupos feministas; el registro del Partido Comunista y la conformación del primer grupo parlamentario de coalición de izquierda en la Cámara de Diputados; y la convicción de que había otros actores que podían transformar la sociedad además del movimiento obrero, y que esos actores eran las mujeres.

Apenas un año después de la Conferencia Mundial, la recién estrenada Coalición de Mujeres Feministas convocó a la Primera Jornada Nacional pro Aborto Libre y Gratuito, y en septiembre de 1977 unas 70 mujeres se manifestaron frente al recinto de Donceles de la Cámara de Diputados en demanda del reconocimiento del derecho a decidir sobre sus cuerpos.

"Reunimos unas 70 mujeres, nos sentíamos muchas, ¡qué risa!, y salimos a la calle con mantas y pancartas exigiendo aborto libre y gratuito. Camino a la Cámara de Diputados coreábamos: 'No que no, sí que sí, ya volvimos a salir!', ¡aterradas por los helicópteros de la policía que sobrevolaban nuestro diminuto contingente! En la Cámara nos recibieron unos cuantos sorprendidos diputados. No sabían bien a bien qué hacer. Pretendían ser muy caballerosos con las 'damas' presentes, pero no atinaban ni a qué decir. Desde los años treinta en que existió un famoso Frente Feminista que peleó por el voto sin conseguirlo, las mujeres no habían tomado las calles para causas feministas. Finalmente, dispusieron que formáramos una comisión para entrar a dialogar con un grupo de diputadas. Se hizo la reunión y las diputadas ofrecieron formar un comité de estudio y considerar nuestras propuestas. La abogada Mireya Toto, brillante conocedora de las leyes, llevaba una bien planteada propuesta", cuenta la feminista

Anilú Elías Paullada en su texto "Feminismo en el país del machismo. Inicios: 1974-1980".

García Medina, participante en esas manifestaciones que desde entonces ya pretendía contrarrestar el fundador del grupo Provida, Jorge Serrano Limón, destaca los lazos comunicantes entre las mujeres que se encontraban en espacios de decisión y poder, las que estaban en la academia, las que militaban en partidos de oposición y el movimiento feminista. "Lo que nos movilizó fue la lucha por el derecho a decidir sobre nuestra maternidad, la interrupción del embarazo, el debate sobre el aborto".

Tranquila / hermana / aquí está tu manada

Veinte años después, las políticas de control natal surtieron efecto: de una tasa global de fecundidad a principios de 1970 de siete hijos por mujer, para 1990 bajó a 3.4. En tanto, la prevalencia en el uso de algún método anticonceptivo que en 1976 era de 30.2%, para 2002 incrementó a 70.8%, como lo documenta el informe "Pasos hacia la equidad de género en México" realizado por el Instituto Nacional de las Mujeres en 2002.

"El problema aquí fue que para alcanzar estos números pasamos por la violación a los derechos humanos, porque también se esterilizaron mujeres sin preguntarles", afirma Lovera. "Por eso cuando llega Ernesto Zedillo a la presidencia en 1994 se decide crear la Comisión Nacional de la Mujer y modificar la política pública".

Pero este cambio de política pública no llegó solo. Se dio a la par del cambio en el debate sobre el papel de las mujeres como reproductoras de hijos cuando mujeres legisladoras de todos los partidos y de organizaciones de la sociedad civil se aliaron en el Congreso para legislar por primera vez los temas de violencia, hostigamiento y acoso sexual.

"Estamos hablando de 1990, de la LIV Legislatura, una legislatura muy singular en el Congreso porque fue la legislatura de la muy cuestionada elección de 1988 con una presencia opositora en la Cámara de Diputados: 240 opositores y 260 del PRI; sólo había 20 de diferencia", contextualiza Sauri Riancho. "De las pocas cuestiones que lograron construir consensos fue justamente el tema para tipificar en el Código Penal Federal el hostigamiento sexual. Y las mujeres diputadas de todos los partidos, de esos que *se andaban pegando hasta con la cubeta*, se pusieron de acuerdo para sacar adelante este tema. Recuerdo particularmente a Hilda Anderson, por parte del PRI, y a Amalia García, por parte del naciente PRD, entre otras que lucharon y lograron que se hiciera esa reforma."

Para Sauri, la base que posibilitó este acuerdo entre mujeres de todas las corrientes fue la adhesión de México a la Convención sobre la Eliminación de Todas las Formas de Discriminación contra la Mujer (CEDAW) y la preparación previa para la Cuarta Conferencia Mundial sobre la Mujer en Pekín, con el papel que jugó la Cancillería a través de la embajadora Aída González Martínez al ser la representante de la institucionalidad y al mismo tiempo la impulsora de todos los cambios.

"Aunque la CEDAW todavía estaba lejos de nuestra legislación, porque eran los años en que la primacía constitucional supeditaba cualquier tipo de tratado o convención, es la que pone por primera vez en el radar todas las causas de la desventaja y discriminación contra las mujeres, y las medidas para poderlas enfrentar. Y en el momento en que el Estado mexicano lo firma, lo ratifica, y esta ratificación es aprobada por el Senado, ahí está ese instrumento. Todo ese trabajo previo tan importante detona que instituciones del Estado mexicano y organizaciones de mujeres puedan empujar este tema ante las resistencias que había con todo lo que tenía que ver con los derechos de las mujeres."

De 1993 a 1995, Naciones Unidas propició foros regionales previos a Pekín en los que participó México a través de mecanismos exprofeso entre organizaciones de mujeres e instituciones, que abonaron el terreno para las negociaciones legislativas posteriores. Los resolutivos de la Cuarta Conferencia Mundial sobre la Mujer celebrada en Pekín, China, en septiembre de 1995, se consideran aún hoy la hoja de ruta y el marco de políticas públicas a nivel global "más exhaustivo para la acción", y "la actual fuente de orientación e inspiración para lograr la igualdad de género y los derechos humanos de las mujeres y las niñas en todo el mundo".

La Declaración y la Plataforma de Acción de Pekín es el resultado de dos semanas de debates políticos e intercambio de información "sobre buenas prácticas y lecciones aprendidas" entre representantes de 189 países del mundo, que acordaron compromisos calificados "sin precedentes" para eliminar la discriminación contra las mujeres y las niñas, y alcanzar la igualdad en todos los ámbitos de la vida, en los espacios públicos y privados. Entre las medidas acordadas se encuentran eliminar la legislación discriminatoria y poner fin a la violencia contra las mujeres y las niñas; avanzar en la matriculación de niñas en las escuelas y en la participación de las mujeres en el mercado laboral y la economía, con acceso al trabajo decente y la eliminación de la brecha salarial por motivos de género; reequilibrar la carga del trabajo de cuidado no remunerado; reducir la mortalidad materna y respetar los derechos de salud sexual y reproductiva, e incrementar el porcentaje de participación de las mujeres en el ejercicio del poder y la toma de decisiones a todos los niveles.

En esos foros regionales previos a Pekín fue relevante la participación de las "mujeres institucionales" del PRI, encabezadas por María de los Ángeles Moreno, que tenía la doble característica de ser presidenta de la Gran Comisión de la Cámara de Diputados y presidenta del Congreso de Mujeres por el Cambio, la agrupación feminista del PRI. Por el lado de las ONG, el papel central lo llevó la feminista Cecilia Loría Saviñón, quien fungió como puente entre las feministas radicales que se negaban a sentarse y hablar con las priístas. Ambos grupos elaboraron una serie de cuadernillos sobre la condición de las mujeres en México, con la colaboración clave del Consejo Nacional de Población.

"O sea, Aída González Martínez, por el lado de la Cancillería, y José Gómez de León, por el lado de Conapo, más las ONG. Y luego estaban los grupos, todos de distinta índole, y se formó la delegación oficial mexicana, donde hubo la sensibilidad para integrar a mujeres de todo el espectro ideológico", cuenta Sauri Riancho. "Yo era diputada y fui parte de la delegación oficial, pero también había académicas de la UNAM, representantes de las mujeres lesbianas, mujeres de la extrema derecha. La Declaración de Pekín fue negociada por el grupo encabezado por la embajadora Olga Pellicer. Sí, México tuvo una participación muy importante en Pekín."

No obstante, la participación de la delegación mexicana en los acuerdos alcanzados no fue bien recibida en México y "casi cuelgan de la torre de la Catedral" a todas cuando regresaron, por recoger los compromisos de México en Pekín en el Primer Programa Nacional de la Mujer. El programa fue elaborado y presentado el 8 de marzo de 1996 por el Conapo, en un contexto de crisis económica, con la alianza de mujeres de todas las corrientes políticas y bajo la coordinación de Sauri Riancho. "Arrancamos la Comisión Nacional de la Mujer con las mujeres de la contraloría y del consejo consultivo; sin ellas hubiera sido imposible avanzar. Eran las que iban y se le plantaban al secretario de Gobernación, que era el responsable de las cuestiones básicas para poder sacar adelante esto. Y el programa es el que empieza a delinear iniciativas y reformas de ley".

El primer planteamiento que asume la Comisión es la necesidad de diseñar políticas públicas con enfoque de género para combatir la desigualdad y la discriminación contra las mujeres, y la vía que encuentran para aplicarlo es el programa estrella del presidente Zedillo en materia social: Progresa.

Diseñado por José Gómez de León, el programa tiene la primera acción afirmativa en respuesta al problema detectado en el Programa Nacional de la Mujer por el abandono escolar temprano de las niñas, y se establece incrementarles las becas. También se decidió que toda la operación del programa (becas, subsidios a la alimentación y el control de la salud de los integrantes de la familia a través de las clínicas del IMSS Solidaridad) fuera entregada a las mujeres, las jefas de familia o las madres de familia, si no les querían dar la jefatura.

"El dinero se les entregaba a ellas. Así fue hasta 2018. Lo que más lamento de la desaparición de Prospera, que es en lo que se convirtió Progresa, es justamente el poder que les dio a millones de mujeres al recibir esos recursos y asignarlos ellas. Ese poder se lo quitó esta administración", denuncia Sauri.

Mujer / hermana / si te pega no te ama

A raíz de la Declaración de Pekín, 1996 fue el primer año que se conmemoró institucionalmente el Día Internacional de la Eliminación de la Violencia contra la Mujer en México. Lo más relevante del evento, realizado en la Secretaría de Gobernación, fue que por primera vez el Estado mexicano reconoció que la violencia intrafamiliar, como se la llamaba entonces, era un asunto de interés público. Hasta esa fecha, el debate se había concentrado en si esa violencia que padecían las mujeres era un asunto privado, de las familias, y no público y por lo tanto sujeto a políticas públicas para combatirla y sancionarla. "Fue la primera vez que un gobierno reconoció que la violencia contra las mujeres era un asunto de Estado", resalta Lovera.

Después de la alianza de las legisladoras en el caso del hostigamiento sexual, en 1998 se presenta la iniciativa para tipificar en el Código Penal Federal y en el del Distrito Federal la violación entre cónyuges, otra vez con un Congreso minado por el enfrentamiento, luego de que el PRI perdiera por primera vez la mayoría absoluta en la Cámara de Diputados. La iniciativa fue firmada por las senadoras y diputadas de todos los partidos, y el presidente de la República, y debatida de forma intensa en la Cámara de Diputados, hasta que finalmente se aprobó.

Para 1999, las organizaciones de mujeres consideraron que estaban dadas las condiciones para plantear la creación de una institución articuladora de las políticas públicas para el avance de las mujeres, con patrimonio propio y que dependiera directamente del presidente de la República. En marzo del 2000 quedó lista la propuesta que fue rechazada por el presidente Zedillo, por considerar que "ya no le tocaba". En julio de ese año el PRI perdió la presidencia de la República, pero las mujeres que llegaron al Congreso como Sauri Riancho, Beatriz Paredes y María Elena Chapa no soltaron el tema, y antes del cambio de gobierno se presentó la iniciativa, que se discutió y aprobó, y se dejó lista para que a partir del 1 de enero de 2001, ya con la administración del presidente Vicente Fox, iniciara operaciones el Instituto Nacional de las Mujeres.

"¿Por qué es importante esa parte de la historia?", enfatiza Sauri. "Porque ya teniendo la institución, entonces se empezó a pugnar por las reformas en las leyes."

Luego de la creación del Instituto Nacional de las Mujeres, de 2000 a 2006 legisladoras y organizaciones de mujeres consiguieron dos piezas legislativas muy relevantes para la causa: la ley reglamentaria del artículo 4.° constitucional (Ley para la Igualdad entre Mujeres y Hombres) y la Ley sobre el Derecho de las Mujeres a una Vida Libre de Violencia.

La ley reglamentaria para la Igualdad Jurídica entre Mujeres y Hombres la presentó en el Senado Lucero Saldaña, y se logró negociar para que saliera en la LIX Legislatura. Pero la Ley sobre el Derecho de las Mujeres a una Vida Libre de Violencia no pasó sino hasta 2007, con la LX Legislatura.

"Esas dos iniciativas son piezas torales, porque también la Ley para la Igualdad tiene impactos ya en otra legislación: igualdad de oportunidades en la educación, igualdad de oportunidades en el trabajo, en la economía, etcétera. Solamente que el paso de las políticas públicas a las leyes no fue muy rápido, aunque primero impactamos en las políticas públicas", confía Sauri.

Sin embargo, no hubo avance en el tema de la violencia contra las mujeres tal cual lo plantea la Convención de Belém do Pará: prevención, atención, sanción y erradicación.

"Te estoy hablando de 98-99. Yo les decía: 'A ver, ustedes necesitan poner partidas presupuestales para prevenir la violencia doméstica, porque si prevenimos la violencia doméstica, vamos a prevenir la violencia afuera'. Una criatura que sabe que se impone la voluntad del padre sobre la madre a golpes, o que a él mismo lo golpean, qué le dura el repetir ese esquema con esa escuela de que se impone por la fuerza. El dinero mejor gastado en prevención es contra la violencia doméstica."

Pero no hubo forma. Para la prevención estaba "pulverizada la política". Para la parte de la atención se crearon a lo largo de los años instancias como el Consejo Nacional para Prevenir y Erradicar la Violencia contra las Mujeres (Conavim), con pocos recursos para actuar. Pero para la parte de la sanción, ni cuando mataban a las mujeres intervenía el Estado. Como hasta la fecha. "Y obviamente la parte de la erradicación es un deseo no consumado, una aspiración; no hay".

Otro tema es la coordinación entre los tres órdenes de gobierno para aterrizar las políticas públicas nacionales, como el papel que realizó el Instituto Nacional de Desarrollo Social (Indesol), con el Programa de Apoyo a Instancias de Mujeres en las Entidades Federativas (PAIMEF). "Se trata de un exitosísimo programa que se encarga de atender la violencia contra las mujeres en los estados fortaleciendo a las instituciones estatales. Está muy bien calificado y opera desde el 2006; lo gestó Cecilia Loría cuando estaba en Indesol. Es lo único que existe para financiar proyectos que requieren la participación de todas las instancias de gobierno y sociedad para avanzar", explica Sauri Riancho. Instituto y programa desaparecieron a inicios de 2022 por órdenes del presidente López Obrador.

No me cuidan, me violan

¿Cómo fue que el movimiento organizado de mujeres pasó del debate sobre la violencia intrafamiliar a la tipificación del feminicidio? A partir de los años ochenta empezaron a crearse organizaciones de mujeres de la sociedad civil para respaldar a las víctimas de violencia intrafamiliar y de violación, y de nueva cuenta se activó el vínculo entre mujeres que se encontraban en los espacios de poder público y en la academia para construir espacios institucionales de respaldo.

Entre ellos se encuentra el Centro de Apoyo a las Mujeres y Violencia Intrafamiliar (Cavis) en la Ciudad de México, y junto con el centro arranca el análisis y el debate sobre qué nuevos conceptos incluir en el ámbito del Estado de derecho para atender el problema.

"Ahora hablamos con una gran naturalidad de la reparación del daño, pero cuando en el caso de violación empezamos a hablar de ello, los juristas, señores, grandes personalidades, vacas sagradas, decían: '¿Cómo reparación del daño en materia de violación?, ¿cómo puede haber reparación del daño?'. Y luego empezamos a plantear también que debía introducirse el concepto de *victimología*. María de la Luz Lima jugó un papel muy importante en la elaboración de estos conceptos. Y empezamos a decir: 'A ver, las reformas a la legislación-penal para que la violación sea un delito grave'."

El caso emblemático que ilustró la urgencia de avanzar en dichas legislaciones llegó pronto. A finales de los años ochenta, las mujeres del PAN, PRI y el incipiente PRD se movilizaron ante las denuncias de mujeres que habían sido violadas por el rumbo de Fuentes Brotantes, Tlalpan, al sur de Ciudad de México, en un caso muy mediático. Tras conocerse que los agresores operaban en parejas y que se conducían de forma muy peculiar durante la agresión, se confirmó: se trataba de agentes de corporaciones policiacas.

"A la hora en que las respaldamos, Sara Lovera llegó con las víctimas a la Cámara de Diputados. El presidente de la Comisión de Justicia no las quiso recibir, estaba muy ocupado. Pues las recibimos, las recibí yo, las recibió Patricia Olamendi que también era diputada, y las respaldamos para que se abrieran archivos. Contamos, hay que decirlo, con un gran respaldo del procurador de Justicia del entonces Distrito Federal, Ignacio Morales Lechuga. Y a la hora en que se empiezan a abrir los archivos, encuentran las fotografías de los agresores en la Procuraduría General de la República, y eran los ministeriales antinarcóticos, de la Subprocuraduría Antinarcóticos, encabezada por Javier Coello Trejo. Entonces nos fuimos con las familias a una batalla a fondo para que, primero, se reformara la ley, el Código Penal, el Código de Procedimientos Penales, y fuera delito grave; y luego la batalla para que se les sentenciara, que fue muy difícil."

A las víctimas se les tuvo que poner protección por parte de la Procuraduría del entonces Distrito Federal, tras las amenazas que recibieron de los judiciales denunciados. En uno de los careos que se realizaron en la sede de la Procuraduría en la colonia Doctores, los judiciales antinarcóticos rodearon las instalaciones con la intención de liberar a sus compañeros que habían sido identificados. El procurador Morales Lechuga tuvo que llamar a Coello Trejo para que los retirara, porque llegaron, además, armados. Finalmente, después de un largo proceso para las víctimas y sus familias, los acusados fueron sentenciados.

A raíz de este caso se conformó una solidaridad entre las diputadas de oposición y del PRI, con una relación más sólida y consistente con legisladoras como Guadalupe Gómez Maganda.

"A la hora que empezamos a hablar de hostigamiento sexual, Hilda Anderson de la CTM dijo: 'Vamos haciendo el foro, yo sé lo que es el hostigamiento sexual en el ámbito laboral por los líderes sindicales, por los patrones'. Y, claro, logramos abrir la Cámara de Diputados, hicimos un gran foro, pero llegaron también los doctores, los grandes juristas, a decir que en México no existía eso que llamamos 'hostigamiento sexual'; en México lo que existía era una tradición española, muy bonita, que se llamaba 'cortejo'. Pero se dio la batalla y logramos que se tipificara por primera ocasión el hostigamiento sexual; después se ha ido modificando, pero fue esa relación, igual que en el caso de violación como delito grave. Y además de que se tipificara la violación como delito grave, los diversos tipos de violación, de diversas maneras que se hablara ya de la reparación del daño, como la atención psicoterapéutica a la víctima, sus familiares, que se hablara de victimología; el Centro de Atención a Víctimas de Violencia Intrafamiliar, que funcionó muy bien en esos años."

En 2006, las denuncias de violencia contra las mujeres alcanzan su punto más algido con el caso de los feminicidios en Ciudad Juárez, sobre todo por la resistencia de los sucesivos gobiernos a reconocerlos como tal. Las mujeres de la LX Legislatura del Congreso deciden entonces crear una Comisión Especial de Feminicidio para investigar la situación de la violencia feminicida en el país, y con un equipo de 70 investigadoras encabezadas por la antropóloga, académica y entonces diputada Marcela Lagarde, y coordinadas por Sara Lovera, realizan la Investigación Diagnóstica sobre Violencia Feminicida en la República Mexicana. Se trata de "la primera investigación científica, cualitativa y cuantitativa, sobre violencia de género contra las mujeres realizada en México desde una perspectiva feminista de género y derechos humanos de las mujeres", documenta Lagarde. Lo que encontraron las investigadoras fue demoledor: el feminicidio ya era grave en el país y no sólo en Ciudad Juárez.

De acuerdo con el reporte, en 2009 Chihuahua se encontraba en primer lugar de defunciones femeninas con presunción de homicidio, con 12.7 homicidios por cada 100 mil mujeres, seguido por Baja California y Guerrero. Durango y Sinaloa se ubicaban en el cuarto y quinto lugar con tasas de 6.7 y 5.7, respectivamente. Les siguieron Sonora,

Tamaulipas, Nayarit y el Estado de México (este último en el noveno lugar después de que en 2005 ocupaba el primero). Tabasco y el Distrito Federal tuvieron posiciones intermedias (16 y 17, respectivamente). Tabasco ocupaba el sitio 28 cuatro años antes, mientras que Campeche, con apenas ocho defunciones, tenía el lugar 20. Al final de la tabla se encontraban Zacatecas y Yucatán, con una incidencia de menos de un homicidio por cada 100 mil mujeres.

A estos datos se sumaba la brutalidad con la que se asesinaron a las mujeres, a diferencia de los hombres. Mientras dos de cada tres hombres eran asesinados con arma de fuego, en el caso de las mujeres fue más frecuente el ahorcamiento, el estrangulamiento, la sofocación y el ahogamiento por inmersión en 18% de los casos, tres veces más que en los hombres.

"Lo que quedó claro con los feminicidios de Ciudad Juárez es que el Estado no está cumpliendo con su obligación de garantizarnos seguridad ni en el espacio privado (en las casas), ni en el espacio público (en el ámbito laboral y en el político). El Estado está en falta; no está cumpliendo con su obligación. Hemos avanzado en la legislación, hemos avanzado en conceptos, hemos construido y reconstruido nuestros lazos, en nuestras coincidencias las mujeres, pero el Estado ha estado en falta, casi permanentemente, y sigue estando en falta", sentencia García Medina.

Mujeres contra la guerra / mujeres contra el capital / mujeres contra el machismo y el terrorismo neoliberal

Al tiempo que avanzaban los esfuerzos por cumplir los compromisos adquiridos con el Plan de Acción de Pekín, los grupos de mujeres en distintas posiciones político-partidistas y desde la sociedad civil trabajaban en forma paralela para abrir los espacios de representación en el terreno legislativo y dejar de estar presentes de manera simbólica. Llegó entonces el periodo de las cuotas de género.

Las primeras cuotas se dieron por recomendación en un transitorio en el Código Federal de Instituciones y Procedimientos Electorales (Cofipe) de 1996, tras la creación del primer Consejo General del Instituto Federal Electoral (IFE), el cual recomendaba a los partidos que se garantizara la presencia de mujeres. Sin embargo, fue hasta 2002 cuando se estableció por primera vez la cuota de 70% de candidaturas de hombres por 30% de candidaturas de mujeres, la cual se aplicó hasta 2006.

"Recordemos que habíamos [*sic*] mujeres en posiciones de poder en aquella legislatura, y es cuando comenzamos a ver que se necesitaba la *trenza famosa*, porque si no las mujeres todas a la cola, nadie llegaba. Llega entonces septiembre de 2009, cuando en la primera sesión ordinaria de la LXI Legislatura, ocho mujeres propietarias presentan su solicitud de licencia para que sus suplentes hombres entraran. Es lo que se conoció coloquialmente como 'las Juanitas', y que fue producto de un evento de violencia política en razón de género, porque las mujeres fueron víctimas de un abuso de poder. No debería llamarse 'Juanitas', sino 'Juanitos'. Son los que venían atrás embozados, los jefes, los hijos, los cuñados, listos al abordaje porque no habían podido llegar en razón de la cuota que para entonces ya era 60-40", explica Sauri.

Para la elección del 2012 el Tribunal Electoral resolvió que la cuota 60-40 debía aplicarse a rajatabla, lo que dio mayor presencia de mujeres en la Cámara de Diputados y Senadores, con una representación arriba de 30% en ambas. Fueron esas mujeres las que legislaron para que quedara en la Constitución el principio de paridad en las candidaturas durante la reforma político-electoral de 2013. Para la LXIV Legislatura se alcanzó la reforma de la paridad en todo, tras constituirse la legislatura más paritaria de la historia con 50.8% de hombres y 49.2% de mujeres en la Cámara de Diputados, y 51% de mujeres y 49% de hombres en el Senado.

Sesenta y tres años después de que se les reconociera su derecho al voto, por fin habían logrado la paridad en el Congreso.

Hay que abortar / hay que abortar / hay que abortar este sistema patriarcal

De aquella participación de Silvia Hernández ante el pleno del Senado denunciando el medio millón de abortos que se realizaban en México sin el amparo del Estado, ya pasaron 47 años. En el ínter y después de un intenso activismo, las mujeres de la Ciudad de México fueron las primeras en conseguir que se aprobara la interrupción legal del embarazo (ILE) el 24 de abril de 2007, por el voto mayoritario de la Asamblea Legislativa del entonces Distrito Federal y la posterior validación en 2008 por la Suprema Corte.

La respuesta a este reconocimiento del derecho de las mujeres a decidir sobre su cuerpo llegó en forma de reformas a 16 constituciones estatales para "blindar" la vida desde el momento de la concepción y con ello impedir que avanzara la despenalización del aborto a nivel nacional. Sin embargo, en lugar de proteger la vida, estas reformas se tradujeron en una "falta de acceso a servicios de salud reproductiva, incertidumbre jurídica entre quienes deben prestar atención médica a las mujeres, así como la criminalización de mujeres que deciden interrumpir su embarazo o que tienen abortos espontáneos", de acuerdo con una investigación realizada por el Grupo de Información en Reproducción Elegida.

Tras las elecciones de 2018, la Ola Verde del movimiento feminista consiguió que tres entidades más se sumaran a Ciudad de México en el reconocimiento a la autonomía reproductiva de las mujeres: Oaxaca, Hidalgo y Veracruz. Sin embargo, a pesar del triunfo electoral de Morena que le dio mayoría en el Congreso, y de su entusiasmo público por la aprobación de la Interrupción Voluntaria del Embarazo en Argentina, la despenalización no avanzó a nivel federal ni en otros estados… hasta que intervino la Suprema Corte de Justicia de la Nación.

En una memorable e histórica sesión, realizada el 6 y 7 de septiembre de 2021, por unanimidad, la Corte declaró inconstitucional la penalización del aborto para mujeres y personas con capacidad de gestar, y mandató a los jueces y juezas de todo el país a no encarcelar a quien decida interrumpir su embarazo. El tema llegó al pleno por una acción de inconstitucionalidad promovida en octubre de 2017 por la entonces Procuraduría General de la República, que demandó la invalidez de diversas disposiciones del Código Penal del estado de Coahuila, que imponía la pena de hasta tres años de prisión a la mujer o persona gestante que se practicara un aborto, o a la persona que le ayudara con su consentimiento.

Durante su intervención, la ministra Margarita Ríos-Farjat afirmó que se inclinaba a favor de no penalizar la interrupción voluntaria del embarazo porque "nadie se embaraza en ejercicio de su autonomía para después abortar".

"Los abortos clandestinos son una realidad. Aunque no pueden darse cifras exactas, se calcula que en México se realizan entre 750 mil y un millón de abortos al año, y se considera que una tercera parte resulta en complicaciones que requieren atención médica. El número de complicaciones aumenta, claro, conforme a la pobreza y a la residencia rural. Por otra parte, la mujer o persona con capacidad de gestar tomará su decisión desde lo más hondo de su esencia, así que la ejecutará con la anuencia del Estado o sin ella, y no se trata de negarle servicios de salud para dejarla sin alternativas, porque no es verdad que se la deje sin alternativas, se la deja a su suerte sin las debidas garantías del Estado para la protección de la salud, que no es lo mismo."

La ministra Yasmín Esquivel indicó que ninguna mujer "desea y quiere abortar", sino que son las circunstancias físicas, económicas, sociales o familiares las que la obligan a tomar esa decisión:

"El problema del aborto no se soluciona al criminalizar a la mujer. La solución debe transitar, invariablemente, por la educación sexual. Criminalizar el aborto no evita su práctica, pero sí asegura que morirán más mujeres en la búsqueda de encontrar una solución a todas las dificultades que, para ella, conlleva un embarazo y la maternidad no deseada. Hay cuestionamientos interminables en torno a las opiniones sociales y jurídicas sobre el aborto, pero hay respuestas urgentes y obligadas que debemos dar como Tribunal Constitucional. ¿Quién le va a impedir interrumpir su embarazo a una mujer que está desesperada por continuar su proyecto de vida? La realidad nos da la respuesta: ni el peligro de la clandestinidad, ni las amenazas sociales, tampoco el miedo a perder la vida y mucho menos a cometer un delito y comprometer su libertad."

La ponencia del ministro Luis María Aguilar establecía, a partir de un análisis con perspectiva de género, la necesidad de "reconocer la existencia del derecho a decidir, entendido como la libertad que le permite a la mujer elegir quién quiere ser en relación con la posibilidad de procrear, considerando que en la maternidad subyace la noción de voluntad y del deseo de que la vida personal atraviese por tal faceta. Este derecho reconoce a la mujer y a las personas con capacidad de gestar como las únicas personas titulares de su plan de vida a partir de su individualidad e identidad propia, lo que constituye la raíz de la obligación estatal de brindarle un ámbito de protección y no el de una sanción".

Para el ministro presidente Arturo Zaldívar, la decisión tomada por el pleno fue posible gracias a la lucha de años del movimiento de mujeres, cuyas jóvenes representantes coparon los alrededores de la sede ministerial ante lo que anticipaban como un día histórico. "Se termina de tajo con la injusta criminalización de la mujer. Nunca más una mujer en prisión por ejercer sus derechos. Un abrazo a todas las que con su lucha de años han hecho esto posible", celebró Zaldívar.

Sin embargo, esta decisión de la Corte no significa que se haya aprobado la interrupción legal del embarazo a nivel nacional: sólo impide que metan a la cárcel a mujeres y personas gestantes si deciden hacerlo. Para que la ILE sea una realidad, garantizada por el Estado mexicano, el Congreso de la Unión o los congresos estatales tendrían que legislar la despenalización atendiendo a la recomendación de la SCJN, aunque hasta ahora no han dado acuse de recibo. Por lo pronto el gobierno de Coahuila sí decidió acatar la resolución, convirtiéndose así en el quinto estado del país en despenalizar el aborto en México. Tres meses después, el 1 de diciembre de 2021, Colima se convirtió en la sexta entidad federativa en despenalizar el aborto voluntario durante el primer trimestre del embarazo y la primera en reconocer a las personas gestantes. A las 26 entidades restantes cuyos congresos aún no se deciden a dar el paso, habría que recordarles que el movimiento de mujeres en México tiene más de 100 años luchando por sus derechos, pero ahora, además, tiene el respaldo de la Suprema Corte.

La autoproclamada 4T, ¿será feminista o no fue?

Ivonne Melgar

"Al patriarcado le encanta vernos pelear", advertía la diputada de Morena Malú Mícher, pero estaban ahí, en el ambicioso "Encuentro de gobernadoras, diputadas, presidentas municipales y alcaldesas electas" en 2021, para demostrar lo contrario. Era el intento para retomar el diálogo entre mujeres de distintas corrientes partidistas por la causa compartida de la perspectiva de género en todas las instancias y tareas del Estado, y que había avanzado a partir de 1995, tras la Conferencia de Pekín.

"Éste es un espacio para que nos veamos las unas a las otras, para que volteemos a cualquier lado y no sólo nos reconozcamos, sino que sepan que somos aliadas y que, a pesar de nuestras diferencias, caminamos hacia el mismo horizonte para lograr la igualdad sustantiva", decía Nadine Gasman, la presidenta del Instituto Nacional de las Mujeres (Inmujeres) la mañana del 26 de agosto de 2021.

Era un ofrecimiento necesario frente a un diálogo histórico que se había suspendido desde el principio de sexenio del presidente Andrés Manuel López Obrador, una grieta paradójica tratándose del gabinete más paritario de la historia y con Olga Sánchez Cordero, la primera feminista al frente de la Secretaría de Gobernación. Aunque ese día sería su último en el cargo. El acto también sería su despedida entre aplausos, arropada por las mujeres más influyentes en la política. Una fiesta del deber cumplido.

Además, apenas en las elecciones de 11 domingos atrás, los partidos debieron postular al menos 7 candidaturas de mujeres en las 15 entidades que renovaron sus gobiernos, aplicando así el principio constitucional de la paridad, gracias a un acuerdo del INE y que el Tribunal Electoral respaldó. Por eso el encuentro se convirtió en un festejo del salto histórico que representó contar, de golpe, con seis nuevas gobernadoras y un reconocimiento explícito a las luchas que lo hicieron posible.

Con entusiasmo desbordado, la senadora Malú Mícher celebró lo que era la alianza de las mujeres en tiempos de la 4T: "¡Qué barbaridad! ¡Qué *eventazo*! ¡Qué gozo! ¡Qué lujo! Estoy entre que lloro, río, y me siento muy, muy orgullosa de todas ustedes […] Gracias Nadine por esta extraordinaria iniciativa. Por supuesto a mi querida Olga Sánchez Cordero, nuestra querida ministra, secretaria, senadora que seguramente fraguaron juntas esta reunión. Se han de haber divertido muchísimo planeándola".

Pero la figura más importante, la anfitriona, la secretaria de Gobernación, no estaba y fue la jefa de Gobierno de la CDMX, Claudia Sheinbaum, quien lo hizo notar cuando inició su discurso. "No está Olga por aquí, ¿verdad? Bueno, desde aquí la saludamos, a nuestra secretaria de Gobernación".

Nadine Gasman, la presidenta del Instituto Nacional de las Mujeres (Inmujeres), aclaró que Sánchez Cordero se sumaría después al encuentro, cuya inauguración se retrasó esperándola, hasta que les envió mensaje de que empezaran sin ella porque aún tardaría.

En las intervenciones de Claudia Sheinbaum y secretarias reivindicaron el proyecto político sexenal, el subrayado de que el presidente López Obrador era el primero en la historia de México en contar con un gabinete paritario y, en algunas de ellas, la disposición a compartir agenda con las representantes de otras fuerzas partidistas.

La entonces diputada y feminista Martha Tagle, de Movimiento Ciudadano, estaba exaltando los pactos entre las mujeres cuando llegó la secretaria Sánchez Cordero con hora y media de retraso.

"Me da gusto saludarlas", gritó en camino a tomar asiento, en medio del aplauso.

Abrazó a cada una de las del presídium y se dispuso a escuchar. Tocaba el turno a Carla Humphrey Jordan, consejera electoral, quien asistió con su pareja y futuro esposo, el único funcionario hombre del evento, el entonces titular de la Unidad de Inteligencia Financiera (UIF), Santiago Nieto Castillo.

En su intervención, la funcionaria del INE habló de las resistencias de los partidos ante el acuerdo de paridad para las gubernaturas. Y la senadora Xóchitl Gálvez, del PAN, confirmó que esa medida les había echado a perder a sus compañeros varones la treta legislativa de evadir las postulaciones paritarias.

En medio de aquella fiesta de confesiones que intentaba una atmósfera de complicidad, vino la participación de Wendy Briceño, diputada federal que en la LXIV Legislatura (2018-2021) presidió la Comisión de Igualdad de Género. "Hoy demostramos que, entre mujeres, la pluralidad política nos fortalece".

Pero la secretaria Sánchez Cordero ya no pudo terminar de escuchar a Briceño, la futura titular de Desarrollo Social del gobierno de Sonora. Una llamada telefónica de Palacio Nacional con carácter de urgente la obligó a abandonar el templete en el que apenas estuvo media hora.

"Una disculpa muy sentida de la secretaria de Gobernación, Olga Sánchez Cordero, que tuvo que salir porque la llamó el presidente, que nos deja todo su cariño y un mensaje de que seguimos juntas", informó la presidenta de Inmujeres al finalizar el panel en el que la ministra ya no pudo participar.

Sánchez Cordero había llegado al salón de Los Pinos sabiendo que ése sería su último acto público como integrante del gabinete. El día anterior le llegó el aviso del presidente López Obrador de que finalmente se concretaría su cambio porque necesitaba, le dijo, otro perfil para la segunda parte del sexenio.

Pero las prisas presidenciales para concretar el relevo frustraron la despedida. La secretaria no pudo ni utilizar sus últimas horas en el cargo para inaugurar el encuentro en el Salón Adolfo López Mateos del Centro Cultural Los Pinos, principal tribuna presidencial de los cinco sexenios anteriores, y donde se congregó el centenar de invitadas: secretarias de Estado, magistradas, legisladoras y futuras gobernadoras, alcaldesas y diputadas.

El plan fraguado con Nadine quedó inconcluso. Ni foto del recuerdo, ni testigo de honor de la firma de la Alianza para el bienestar y la igualdad de las Mujeres.

Atropelladamente, desplazando con su renuncia al anhelado encuentro, concluyó el paso de la única feminista confesa del gabinete legal del presidente López Obrador, primera mujer en la Secretaría de Gobernación, trivializada con el despectivo alias de *Sánchez florero*.

Una feminista en el gabinete

Cuando Nadine Gasman anunció a medias las razones de la intempestiva huida, la magistrada electoral Mónica Soto y Xóchitl Gálvez comentaban con las asistentes lo que ya era viral en los mensajeros políticos: Olga dejaba el gabinete.

El coordinador de la bancada de Morena en el Senado, Ricardo Monreal Ávila, se tomó la licencia de dar la primicia en Twitter: la ministra regresaría a su escaño. Él lo sabía porque la tarde anterior conversó con ella personalmente del cambio decidido por el presidente López Obrador, de la invitación que no le aceptó de quedarse en otra secretaría y de su llegada a la presidencia de la Mesa Directiva de la Cámara Alta.

Del Centro Cultural Los Pinos, la ministra en retiro se trasladó a Palacio Nacional, donde la esperaba su sucesor, listo para la grabación del video del relevo, la modalidad sexenal para estos anuncios. Sin explicar el porqué del cambio, López Obrador comentó que ella siempre quiso ser senadora y que él quiso tener una primera mujer en Gobernación.

Y, de golpe, le devolvió al secretario Adán Augusto López las atribuciones que a su antecesora le había quitado para que las condujera el consejero jurídico Julio Scherer Ibarra: la relación con el Poder Judicial y en el Congreso.

Reducida a una ventanilla de derechos humanos y sin el control de la seguridad, la Segob de Olga Sánchez no pudo responder a las expectativas desatadas el 14 de diciembre de 2017, al encabezar la lista del futuro gabinete paritario: ocho secretarias y ocho secretarios.

Tenía 70 años y una biografía de pionera: primera notaria por concurso de la CDMX y primera mujer en llegar a la Suprema Corte de Justicia de la Nación, donde durante 20 años construyó y empujó sentencias a favor del derecho a decidir y en contra de las violencias de género.

El entonces candidato presidencial la presentó como el mejor ejemplo de los atributos que caracterizarían a sus colaboradores: experiencia, honestidad e independencia de criterios. Sánchez Cordero era la única feminista declarada de la lista, una aliada natural e histórica del movimiento de las mujeres, reconocida como tal e involucrada en la agenda de la igualdad sustantiva.

El activismo de las demás estaba relacionado con otros temas.

A la Secretaría del Trabajo y Previsión Social fue anunciada Luisa María Alcalde Luján, militante de las juventudes de Morena, diputada federal por Movimiento Ciudadano (2012-2015) e hija de Bertha Luján, cercana colaboradora de López Obrador y fundadora dirigente del partido.

Para la Secretaría del Medio Ambiente presentó a Josefa González-Blanco, hija del exgobernador de Chiapas y exsecretario de Gobernación, Patrocinio González-Blanco. Había hecho estudios en la materia, pero su principal cercanía con el próximo mandatario era la colindancia de sus respectivas fincas en esa entidad. Ella fue la primera baja del gabinete, en mayo de 2019, después de hacer que un vuelo comercial pospusiera su despegue para darle tiempo de abordarlo. Dos años después la nombró embajadora de México en Gran Bretaña.

Luisa María Albores González, ingeniera agrónoma, impulsora de proyectos productivos que, en la sierra de Puebla, asombraron al candidato durante su segunda campaña presidencial, fue propuesta para la Secretaría del Bienestar, donde estuvo los dos primeros años del sexenio. En septiembre de 2020 asumió la titularidad de Medio Ambiente.

Para la Secretaría de Economía fue anunciada Graciela Márquez Colín con posgrados en el extranjero y quien había radicado fuera del país. Perteneciente al grupo de destacados especialistas —como su esposo, Gerardo Esquivel, subgobernador del Banco de México— que desde el debate académico reivindicaban la premisa de "por el bien de todos, primero los pobres" y el señalamiento de que la corrupción era motor de la desigualdad. Su encargo concluyó dos años después, y fue sustituida por Tatiana Clouthier, diputada federal en el primer trienio y coordinadora de la campaña presidencial de 2018.

Para la estratégica Secretaría de Energía, el presidente anunció a una de sus funcionarias más queridas, Rocío Nahle García, con experiencia profesional en el Complejo Pajaritos de Pemex. Fue una destacada activista en contra de la reforma en la materia, en el primer tramo sexenal del presidente Peña Nieto, y líder de la primera bancada de Morena en la Cámara de Diputados (2015-2018).

Al igual que Olga Sánchez Cordero, también es senadora con licencia.

Alejandra Frausto Guerrero, coordinadora de festivales en el gobierno capitalino de López Obrador, empresaria productora de eventos de gran escala, secretaria de Cultura en Guerrero y directora de Culturas Populares, fue proyectada para la Secretaría de Cultura.

Otra hija de un luchador contemporáneo al candidato, Pablo Sandoval Ramírez, era Irma Eréndira Sandoval Ballesteros, involucrada en la conformación de Morena y, junto con su esposo John Ackerman, destacados académicos promotores del candidato y su proyecto. A cargo de un laboratorio de estudios de la corrupción de la UNAM, sería la primera titular de la Secretaría de la Función Pública.

Fue acusada de haber hecho enojar al presidente López Obrador por involucrarse en la definición electoral de Guerrero para favorecer a su hermano Pablo Amílcar Sandoval Ballesteros, coordinador de programas federales en esa entidad, y azuzar las protestas feministas en contra de Félix Salgado Macedonio.

Con esos señalamientos, la doctora en Ciencia Política se convirtió en la tercera baja de las mujeres secretarias, el 21 de junio de 2021, en un cese que marcó el endurecimiento presidencial en la reconfiguración de su equipo.

Dos meses después, el 26 de agosto del mismo año, vino el adiós de Olga, la cuarta salida de una secretaria del gabinete original, un ajuste mayor que dejó atrás la posibilidad de retomar el camino de la construcción colectiva de políticas públicas para la igualdad sustantiva, iniciado 25 años atrás.

Aun cuando ocupó la segunda cartera más importante del Poder Ejecutivo, la ministra no consiguió entusiasmar a sus demás compañeras en la causa de la perspectiva de género, por lo que ésta nunca fue reivindicada como tal en el gabinete paritario.

Tampoco tuvo eco la política más importante de la 4T, la jefa de Gobierno de la CDMX, quien en contraste con las feministas que hablaban de pluralidad en el frustrado evento, dejó en claro su deslinde: "Que no se nos olvide que la igualdad sustantiva de las mujeres es parte de un proyecto de nación [...]. Que no se nos olvide que cuando las mujeres son pobres, sus derechos son los menos protegidos, que lograr la igualdad en cargos de elección popular es fundamental, pero que estamos aquí para representar a quien menos tiene".

La ruptura inicial

Esa condicionante de Claudia Sheinbaum de abrazar las causas de género sólo si son parte de la autoproclamada Cuarta Transformación fue entendida como un punto y aparte entre las feministas históricas que consideran que el gobierno de López Obrador ha significado una pausa en el diálogo sostenido a partir de la Conferencia de Pekín de Naciones Unidas, en 1995.

Y es que las expectativas de seguir construyendo una agenda del Estado mexicano para la igualdad sustantiva se desvanecieron desde un inicio del sexenio.

La abogada Patricia Olamendi Torres enumera de memoria acciones y leyes que desde el sexenio de Ernesto Zedillo lograron diseñarse entre activistas, funcionarias de los poderes Ejecutivo y Judicial, legisladoras y políticas de todos los partidos: leyes contra la violencia; la Comisión Nacional de las Mujeres e Inmujeres; ratificación de la Convención de Belém Do Pará y del protocolo de la CEDAW; cuotas en las candidaturas; fondos de Indesol y Pro Igualdad para el fortalecimiento institucional de la perspectiva de género y organizaciones que la impulsaban; leyes para la igualdad y para una vida libre de violencia; el Anexo 13, creado en 2008 como una acción afirmativa que, en un apartado del presupuesto de egresos, contiene los recursos destinados a programas que garantizan los derechos de las mujeres en salud, educación y desarrollo; el tipo penal de feminicidio; la Comisión Nacional para Prevenir y Erradicar la Violencia contra las Mujeres (Conavim); Centros de Justicia, y la primera reforma en paridad de 2014 aplicable a los congresos federal y estatales.

"Nunca importó qué gobierno fuera ni de qué partido. Lo relevante era generar consensos entre nosotras para sacar adelante las propuestas que, al final, eran de todas, incluidas las que no se asumían feministas y las del PAN que rechazaban el derecho a decidir", reseña la coautora de la primera reforma sobre violencia sexual con Amalia García Medina, en la LIV Legislatura (1988-1991), como diputadas del extinto Partido Mexicano Socialista, que en ese lapso se fusionaría en el PRD.

Cuenta Patricia Olamendi que, bajo esa dinámica y con la llegada de López Obrador al gobierno, con mujeres muy destacadas en el gabinete y en el Congreso, algunas de ellas feministas, esperaban una intervención quirúrgica en los puntos nodales para cerrar las brechas de la desigualdad en pobreza, salud, trabajo, educación. "Pensamos que ahora vendrían los tiros de precisión".

Sin embargo, con la circular presidencial número 1 que cerró cualquier transferencia de recursos a las organizaciones de la sociedad civil, se dio el primer portazo. Y en ninguna de las protestas que dieron frente a medidas gubernamentales, las feministas históricas encontraron eco en las funcionarias que antes habían sido sus aliadas.

"El argumento es que no había argumento. Simplemente silencio. Lo que logramos mantener fue por la presión nacional y la prensa. Olga Sánchez Cordero se negó a recibirnos. En las Cámaras, las diputadas y senadoras afines al gobierno tampoco actuaron. Ahí surgió el desencuentro. Cero defensas a nuestras demandas. Y vino el señalamiento del presidente, fuerte, muy duro, brutal, a las organizaciones de la sociedad civil, a los grupos feministas calificándonos de adversarios, conservadoras, tratándonos como sus enemigos", describe Olamendi.

Primera presidenta de la Comisión Nacional de las Mujeres, Dulce María Sauri coincide en la idea de que la construcción de políticas públicas con perspectiva de género se interrumpió desde el primer minuto del sexenio de López Obrador, por el rompimiento con las organizaciones de la sociedad civil que, desde 1996, habían sido sus promotoras y artífices.

"En tres años, esta administración ha registrado importantes retrocesos. Es un fenómeno que se deriva de un ejercicio de concentración del poder en el presidente de la República. Ésa es la explicación de fondo", evalúa la exsenadora y exdirigente del PRI.

La política feminista sostiene que, con la eliminación del programa Prospera —antes Oportunidades y Progresa—, que transfería recursos a las jefas de hogar, con un componente a favor de niñas y adolescentes para garantizar su permanencia en la escuela, y de las estancias infantiles, "este gobierno les quitó poder a las mujeres de las familias más vulnerables".

Tras haber estado al frente del primer programa que a nivel nacional tradujo para México los compromisos de la Conferencia de Pekín, Dulce María Sauri parte de una premisa: "No podemos revisar el enfoque de género en políticas públicas que trasciende a una administración, si no analizamos con perspectiva histórica la relación entre el gobierno y la sociedad civil. Y este gobierno colisionó con la sociedad civil".

Historiadora y política formada en el priismo presidencialista, la exgobernadora de Yucatán advierte en esa exclusión un freno para el desarrollo democrático y el reduccionismo de las políticas públicas en políticas gubernamentales.

Aunque reconoce el mérito de Morena en el Congreso que, siendo mayoría, respaldó y dejó fluir la reforma de la paridad en todo, apuntalada por el consenso de parlamentarias de diversos partidos y del movimiento de las mujeres que la venían empujando desde 2013, cuando se le pregunta qué instrumentos legislativos con perspectiva de género pudieron diseñarse con la Secretaría de Gobernación de Sánchez Cordero, la expresidenta de la Cámara de Diputados responde escueta: "No encuentro uno solo".

8M 2019: el aviso presidencial

También las feministas de Morena fueron notificadas en el arranque sexenal de los resquemores presidenciales hacia sus reivindicaciones, al atestiguar cómo la austeridad eliminaba las unidades de género en dependencias gubernamentales, y constatar la inviabilidad que esta vez tendría la presión exitosa de otros tiempos al reclamar rectificaciones presupuestales.

Con la inercia del pasado, los legisladores del partido oficial hicieron eco al reclamo de la oposición por el cierre de las estancias infantiles, inauguradas en el sexenio de Felipe Calderón, y que el presidente López Obrador satanizó como espacios de simulación y corrupción, atribuyendo las protestas de administradoras y beneficiarias a una grilla partidista de la senadora Josefina Vázquez Mota (PAN).

Y aunque ninguna representante de Morena entró en controversia con el secretario de Hacienda, Carlos Urzúa, que defendió la cancelación alegando que los abuelos podrían hacerse del nuevo apoyo económico, cuidando a los nietos, el coordinador en el Senado, Ricardo Monreal, calificó de auténticas las quejas y se comprometió a buscar una solución que nunca llegó.

El caso de las estancias marcó la dinámica a seguir: aun cuando declararon que el mal uso del programa no justificaba su eliminación, en la práctica las legisladoras de la 4T, como Malú Mícher, optaron por hacer suyas las explicaciones de Palacio Nacional.

La fuerza de la palabra presidencial inhibió a las feministas de Morena que, en lo sucesivo, se abstuvieron de manifestar públicamente sus diferencias con las decisiones presidenciales.

Ninguna secretaría escuchó a los legisladores ni a las activistas. La Secretaría del Bienestar de María Luisa Albores, espacio de interlocución de las organizaciones y de las feministas en administraciones anteriores, confirmó la novedad sexenal: el diálogo estaba roto.

La explicación de esta medida draconiana la recibió la senadora Mícher del presidente López Obrador, en la conversación privada que sostuvieron durante la primera y hasta ahora única conmemoración del Día de la Mujer con invitadas ajenas a Morena y al gabinete, el 8 de marzo de 2019.

La convocatoria al evento, que se llamó "Mujeres transformando México", la hizo la Segob, por conducto de Inmujeres, a 300 representantes de la administración pública, Congreso, organizaciones, artistas, académicas y medios de comunicación: Ana Pecova de EQUIS Justicia; Silvia Giorguli, presidenta de El Colegio de México; Rosa María Torres Hernández, rectora de la Universidad Pedagógica Nacional; Belén Sáenz de ONU Mujeres; Leticia Bonifaz, ahora representante de México ante la CEDAW; la senadora Patricia Mercado y la diputada Martha Tagle, ambas de Movimiento Ciudadano, y las periodistas Katia D'Artigues, Yuriria Sierra y Karla Iberia Sánchez, entre otras. Se trató de un desayuno en el patio central de Palacio Nacional, al que llegó el mandatario después de haber declarado, en su conferencia matutina, que la despenalización del aborto debía someterse a una consulta popular.

En la mesa principal estuvieron la senadora Mícher, la secretaria Sánchez Cordero, la jefa de gobierno de la CDMX y la ministra Norma Piña. La esposa del presidente, Beatriz Gutiérrez Müller, no asistió. Organizó su propio evento: una comida en el reclusorio femenil de Tepepan acompañada de Sheinbaum; de Rosa Icela Rodríguez, entonces secretaria de Gobierno de la CDMX, y de la titular de Inmujeres.

Adelantando lo que sería su discurso de nulo reconocimiento al feminismo, López Obrador tomó un vaso, una cuchara, una tasa y un servilletero que estaban sobre la mesa y dirigiéndose a la parlamentaria, considerada por Claudia Sheinbaum y Rosa Icela Rodríguez la maestra feminista de la 4T, comentó:

"A ver, aquí está el movimiento obrero, aquí está el movimiento estudiantil, aquí está el movimiento feminista, aquí está el movimiento magisterial… Cada uno con sus causas: más derechos, más escuelas, menos cuotas. Pero ninguno buscó nunca la desestructuración del Estado corrupto que generó la impunidad y la injusticia."

"¡No, no, no, presidente! Nosotras sí cuestionamos la estructura patriarcal y desde el Estado. ¡Claro que lo hicimos!", interrumpió Mícher.

López Obrador se dirigió a las demás comensales, interrogándolas: "A ver, a ver, ¿dónde el feminismo transformó al Estado mexicano? ¿Dónde trasformó al Estado el movimiento magisterial?".

La secretaria Sánchez Cordero miró a Malú Mícher con un gesto de, por favor, calma, aquí no vamos a pelear por eso.

"Nadie te va a contestar. Te van a decir que sí, te van a dar por tu lado. Eres el presidente. Y a lo mejor tienes razón: no nos metimos al tema de la corrupción. Por favor, no vayas a decir eso en el discurso", cedió, en tono de broma, la senadora Malú.

A distancia de esa mesa, cinco activistas, con la diputada Tagle incluida, portaban una pancarta en la que se leía: "Por los derechos de las mujeres, ni un paso atrás".

Otras invitadas mostraban una manta dirigida a López Obrador y que con enormes letras moradas le pedía una reconsideración: "Sr. presidente: La transformación que el país necesita se construirá también con las mujeres que desde la sociedad civil estamos comprometidas con la igualdad, el desarrollo, la justicia y los derechos humanos".

Ni esos reclamos ni la conversación con la senadora Mícher modificaron la deliberada ausencia de la agenda de género en el discurso de ese 8 de marzo, el que el presidente añadió el reclamo que la senadora le pidió omitir, dejando claras, públicamente, sus reservas frente al movimiento feminista: "Se convirtió la política en un asunto gremial. Y era el movimiento feminista y es el movimiento de equidad de género y el movimiento para la defensa de los derechos humanos y el movimiento obrero y el movimiento campesino, y así todos los movimientos. Y esto permitía que se mantuviese el régimen autoritario, porque cada quién se ocupaba de su movimiento. Nos ensimismábamos en nuestras causas, veíamos el árbol, pero no el bosque".

López Obrador dijo que ahora había que unir todas las causas para cambiar el régimen autoritario, corrupto y opresor que era la raíz de la exclusión y la violación de los derechos humanos: "Había confraternidad en la causa específica, pero cuando se trataba de enfrentar a los opresores, a la mafia del poder, ahí ya era otra cosa. El gran cambio fue el que se logró: la unidad de todas las causas. Y yo espero que esto continúe así".

Durante el mensaje, las invitadas de las mantas se colocaron frente a López Obrador esperando infructuosamente a que respondiera a sus planteamientos.

El mandatario defendió sus programas sociales para diversos sectores: "¿Cuándo se había entregado tanto apoyo a las mujeres mayores como ahora? Nunca".

Y advirtió: "No podemos, muchas veces como se quisiera, pronunciarnos de manera contundente por alguna causa, algún tema, algún asunto. No lo podemos hacer porque éste es un movimiento democrático, no lo olvidemos".

Al mediodía, sin embargo, la secretaria Sánchez Cordero se unió a una marcha de la causa de las mujeres, desde la sede de la Segob al Monumento a la Revolución. Y se puso la playera que ahí le regalaron con la leyenda "La política será feminista o no será". Por eso llegó tarde al reclusorio femenil, hacia el final del evento de la esposa del presidente.

Dos meses después, en el 'festejo' de 10 de mayo, nadie retomó la agenda con perspectiva de género. Tampoco hubo invitadas feministas que ventilaran sus inconformidades. Ya no fueron convocadas ni a éste ni a ningún acto presidencial.

Acompañado, esta vez sí, de su esposa Beatriz Gutiérrez Müller, las secretarias de Gobernación y de Trabajo,
y de una veintena de mujeres de diversos sectores, López
Obrador celebró en su conferencia mañanera "a todas las
madres de México". La escritora Elena Poniatowska elogió
los nuevos tiempos de cercanía presidencial. Y con maria-
chi, sonaron "Las mañanitas", "Mujeres divinas", "Amor
eterno" y "Hermoso cariño".

Verano de la diamantina rosa

La deuda del Estado mexicano ante la violencia contra las
mujeres se hizo más notaria cuando el gobierno de López
Obrador pretendió que su proyecto de transformación
contenía de manera suficiente las respuestas a la impunidad y falta de justicia para las víctimas de acoso, agresiones
sexuales y feminicidios, delitos que según cifras oficiales habían tomado un crecimiento inédito.

Reportes del Inegi en 2019 detallaron que el año anterior
se registraron 3 752 defunciones por homicidio de mujeres,
"el más alto registrado en los últimos 29 años (1990-2018),
lo que en promedio significa que fallecieron 10 mujeres
diariamente por agresiones intencionales".

Esos informes detallaron que, de los 46.5 millones de
mujeres de 15 años y más que había en México, 66.1% (30.7
millones) admitió haber enfrentado violencia de cualquier

tipo y de cualquier agresor, alguna vez en su vida. Frente a esta realidad, tomaron auge las colectivas de jóvenes denunciando la ceguera del Estado que normalizaba la tragedia cotidiana de las mujeres violentadas.

Y si las protestas tradicionales en Palacio Nacional incomodaron al presidente de la República el 8 de marzo, las manifestaciones del verano de 2019 descolocaron a la mujer número 1 de la 4T, la jefa de Gobierno capitalino, quien desestimó la oportunidad de construir una interlocución con el movimiento de la diamantina rosa.

Disciplinada y consistente en su distancia hacia el feminismo y sus representantes, Claudia Sheinbaum Pardo (59 años) no quiso afrontar con política esta llamada cuarta ola a cargo de jóvenes que irrumpieron, en las sedes correspondientes, denunciando a policías de haber violado a una adolescente, y a la entonces procuraduría capitalina de ser partícipe de la impunidad de los delitos de acoso, violación y feminicidio.

En el gobierno local se activó la versión de que era un montaje con provocadoras e infiltradas del Partido de la Revolución Democrática (PRD) y señalaron a la feminista Yndira Sandoval como autora de los vidrios rotos a mazazos y de la diamantina tirada sobre el secretario de Seguridad y Protección Ciudadana de la CDMX, Jesús Orta, el 12 de agosto de 2019.

Dos días después, Sheinbaum convocó a una presunta mesa de diálogo sobre la violencia que viven las mujeres en la capital del país. Pero las invitadas no eran las jóvenes inconformes, sino funcionarias, legisladoras de Morena y la feminista Marta Lamas.

Para el viernes 16, la movilización acompañada de madres de víctimas subió de tono con el despliegue de acciones directas de jóvenes de rostro cubierto que derivaron en destrozos en el metro, estaciones del metrobús y monumentos históricos como El Ángel de la Independencia.

"¿Qué hago?", consultó a diversas personas una jefa de Gobierno atemperada que hizo suyo el consejo de "aguanta, Claudia, aguanta", sin recurrir a ninguna acción represora, mientras las calles de la marcha #NoMeCuidanMeViolan eran un caos que se transmitía en vivo por la televisión. Y así fue: aguantó.

En las horas posteriores, Sheinbaum bajó la guardia. "Quiero pedir una disculpa si ofendí", sostuvo ante los medios y en una reunión, el domingo 18 de agosto, con representantes de las colectivas movilizadas. Y anunció la cancelación de las carpetas de investigación que se abrieron en contra de algunas manifestantes.

Ellas le reclamaron la criminalización que su gobierno hacía de las protestas y se definieron independientes de los partidos políticos.

La pretensión formal era escuchar y atender los reclamos de las jóvenes. Pero con la presencia de funcionarias, persistió la actitud defensiva, de cierre de filas alrededor de la jefa de Gobierno, delatando que en su equipo veían en las protestas un ataque hacia ella.

La desconfianza era recíproca. Las interlocutoras feministas de la administración capitalina, Marta Lamas y Gabriela Rodríguez Ramírez, secretaria de las Mujeres en la CDMX en aquel momento, se habían pronunciado en contra de las nuevas maneras de protestar. Y esto las volvió "intransitables" para las colectivas.

La fractura era política. Pero también generacional. No en balde una de las peticiones de las 38 asistentes anónimas —así se acordó para garantizar su seguridad— fue que se le mostrara a Malú Mícher que las demandas tenían fundamento, ante las críticas tuiteras de la senadora morenista a "los actos vandálicos" de las jóvenes.

Claudia Sheinbaum llevaba por escrito las propuestas que les haría. Reconoció la gravedad del problema y su compromiso de afrontarlo. Pero en un gesto que las invitadas consideraron como una mentada, les pidió no perder de vista que las mayores denuncias que recibían eran las de sus mamás y por violencia familiar. Un comentario propio de la resistencia gubernamental a reconocer que lo sucedido en las familias no es un asunto privado, sino expresión de violencias estructurales cuya impunidad compete al Estado.

"¡No has entendido nada, Claudia!", gritó una de las activistas en un cierre anticlimático de la reunión que derivó en mesas de trabajo que, sin entusiasmo ni empatía, fueron muriendo por inanición.

Sin embargo, el gobierno capitalino actuó y tres meses después, el 22 de noviembre, declaró a su modo una Alerta contra la Violencia de Género circunscrita a la violencia doméstica, sin atender los delitos graves de violación, desaparición y trata, prioritarios para las colectivas, que tampoco lograron establecer mecanismos de seguimiento que evitaran, habían alegado, que las autoridades fueran juez y parte.

Así que la exigencia de la generación diamantina continuó, mostrando su fuerza sonora en la Plaza de la Constitución el 29 de noviembre de 2019 con el performance coral femenino de Las Tesis frente a Palacio Nacional: "¡El Estado opresor es un macho violador! ¡El violador eres tú…!".

Pero ajena desde sus años universitarios a la agenda feminista que abrazaron en la izquierda las de su generación, Claudia Sheinbaum no quiso moverse del guion presidencial que da por descontado que la igualdad sustantiva de género es una causa implícita del proyecto de transformación.

Lo que sí cambió el viernes 14 de febrero de 2020, en la siguiente coyuntura de movilizaciones por los feminicidios de Ingrid y la niña Fátima, fue la decisión del gobierno capitalino de afrontar las protestas con policías disparando extintores de gas pimienta.

La Secretaría de Seguridad Ciudadana —al mando de Omar García Harfuch, que en octubre anterior había reemplazado a Jesús Orta— y la jefa Sheinbaum alegaron que sólo eran para apagar el fuego.

Pero los efectos del humo verde en ojos y garganta de manifestantes, registrados por el personal de la Comisión de Derechos Humanos de la CDMX e integrantes de la Brigada Marabunta, quedaron como evidencia de la discrecional medida, de la que no había un protocolo que —sustentado en el uso legítimo de la fuerza— preservara el equilibrio entre la contención de actos vandálicos y la garantía de la protesta.

Estos hechos abrieron el capítulo de los pronunciamientos presidenciales críticos contra las movilizaciones de mujeres. "Les pido a las feministas, con todo respeto, que no nos pinten las puertas, las paredes. [Les digo que] estamos trabajando para que no haya feminicidios, que no somos simuladores, y que no esperen que nosotros actuemos como represores, que no nos confundan".

8M y 9M 2020, el pleito

Y empezó el pleito del presidente López Obrador con las mujeres movilizadas y entre ellas.

Porque el feminismo en México se convirtió en una causa polarizada entre las que se asimilaron al discurso del mandatario de que no se necesitaba un enfoque con perspectiva de género y las que se inconformaron por la ausencia de ésta y la cancelación de programas sociales que la tenían, como las estancias infantiles.

121

Un pleito abierto, sin tregua ni matices. Un pleito que el presidente de la República se pudo haber ahorrado por innecesario y desgastante, según confesó en privado y en voz muy baja alguna vez la exsecretaria de Gobernación.

Pero fue y sigue siendo un pleito público a partir de que el 8M y 9M de 2020 se vivieron en el gobierno federal como una afrenta "del conservadurismo disfrazado de feminismo o de lo que resulte", según el balance que el mandatario hizo de esas dos movilizaciones.

Inéditas por el número de participantes y por el ruido mediático alcanzado, las conmemoraciones del Día Internacional de la Mujer el domingo 8 de marzo y el paro nacional de "Un día sin nosotras" del siguiente lunes 9 metieron en aprietos a las secretarias del gabinete y a las políticas de la 4T desde los días previos.

El dilema de reconocer el popularizado "¡Ni una más!", que visibilizó como nunca la falta de justicia para las víctimas de la violencia de género, o de adherirse al discurso presidencial que puso el énfasis en "los oportunistas" que se montaban a la ola para golpear al gobierno, se traslució en las reacciones de la esposa de López Obrador y de la entonces secretaria de la Función Pública.

Dos semanas antes, Beatriz Gutiérrez Müller se sumó fugazmente a la novedosa conmemoración del 9M en Instagram posteando una viñeta de puños alzados con el porqué de quedarse en casa, para unas horas más tarde desmarcarse haciendo suyas las contraconsignas que la 4T impulsó:

"El 9 me mueve", #UnDíaConNosotras y #NoAlParoNacional, con la invitación a portar un pañuelo blanco y una nota aclaratoria: "Apoyamos a AMLO y también queremos erradicar la violencia".

Con la misma anticipación, la secretaria Sandoval compartió un tuit en el que proponía hacer mejor #UnParoDeHombres y "en lugar de que nos quedemos en casa tentadas a lavar platos y arreglar ropa, salgamos y ocupemos el espacio público sólo para nosotras".

Ninguna iniciativa oficial pudo, sin embargo, contrarrestar el ímpetu alcanzado por el 8M y el 9M, por lo que el día 5 de marzo, Sánchez Cordero convocó a sus compañeras de gabinete a ofrecer en la Segob una conferencia en la que exaltaron a López Obrador como un hombre comprometido con las mujeres, la paridad y la libertad de expresión.

A excepción de Rocío Nahle, cuya ausencia disculparon por encontrarse en acuerdo con el presidente, las demás secretarias enumeran acciones que, desde el inicio del sexenio, insistían, se formularon a favor de la igualdad de género.

Las secretarias del Bienestar, María Luisa Albores González; de Trabajo y Previsión Social, Luisa María Alcalde; y de Economía, Graciela Márquez Colín, ofrecieron números de las beneficiarias de programas, sin hacerse cargo de la perspectiva de género que parte del reconocimiento de la desigualdad estructural de las mujeres y, por lo tanto, asume el compromiso con el ejercicio efectivo de los derechos de las mujeres a través de acciones afirmativas y políticas públicas.

Sin concesiones con la agenda feminista, aclararon que el gobierno tenía estrategias de inclusión de los sectores económicamente vulnerables y, por tanto, de las mujeres en desventaja.

La secretaria de la Función Pública aseguró haber actualizado el protocolo sobre hostigamiento y acoso sexual en la administración pública que antes, comparó, era sólo un llamado a misa. "Somos orgullosas miembras de un gobierno feminista, liderado por el presidente Andrés Manuel López Obrador", comentó.

La secretaria de Cultura dijo desplegar la diversidad cultural y la "inclusión radical" de mujeres con discapacidad, trans e indígenas, que, puntualizó, "tienen problemas mucho más serios".

Contó Alejandra Fraustro del calendario permanente de tetadas en los museos, de estrategias para visibilizar la creación de artistas, iluminadoras, arquitectas, curadoras, programadoras y técnicas, y de la promoción de contenidos sobre violencia y cultura de la paz.

Fue la titular de Cultura la única que compartió con Sánchez Cordero y la presidenta de Inmujeres, moderadora de la conferencia, mensajes de empatía con las protestas. Y cuidó su respuesta cuando le preguntaron si, como el presidente López Obrador, haría un llamado a no dañar el patrimonio: "Tenemos a las instituciones listas siempre para atender la restauración de estos monumentos [...]. Es parte del servicio público que nos toca hacer. Nos gustaría tener las capacidades para curar y restaurar el dolor que han sufrido niñas y mujeres históricamente, y así como agradecemos a las feministas que nos abrieron espacios en esta historia, nos toca acompañar de manera respetuosa a las generaciones actuales que se manifiestan libremente en nuestro país".

Las preguntas de los representantes de los medios de comunicación ilustraron cómo el reclamo de las calles estaba haciéndole mella al gobierno. ¿Por qué se oponen al paro? ¿Dónde está el seguimiento institucional a los feminicidios? ¿Asumen la responsabilidad de la polarización a consecuencia de la acusación de que detrás del 8M y 9M están los conservadores? ¿Qué impide avanzar en la justicia que demandan las mujeres?

Además, a inicios de 2020, sabíamos que las cosas estaban empeorando. De acuerdo con el Secretariado Ejecutivo del Sistema Nacional de Seguridad Pública, 2019 había sido aún más cruel en contra de las mujeres: 980 feminicidios. En 2017 fueron 741, y 892 en 2018.

Consecuentemente, la cifra de 10 asesinatos diarios por razón de género subió a 11. Y la de su impunidad permaneció en más de 98% de los casos. Peor aún: a la solicitud de homologar el tipo penal de feminicidio porque había 28 tipos diferentes en los códigos penales de las entidades federativas, el fiscal general de la República, Alejandro Gertz Manero, respondió que no era necesario.

"Tienen razón las mujeres cuando gritan su furia para que escuchemos bien y con claridad que se nos ha acabado el tiempo, y no se vale que digamos que llegamos hace poco más de un año. Tenemos que mostrar que somos el cambio, que no gobierna la indiferencia ni la omisión y mucho menos la intolerancia", asumió, autocrítica, Nadine Gasman, buscando tender puentes.

Sánchez Cordero igualmente quiso apartarse de la confrontación aclarando que las mujeres no estaban enojadas con el gobierno, sino con las violencias que seguían sufriendo.

"Hay impunidad, un largo camino todavía que recorrer para que las fiscalías sirvan y cumplan con sus deberes mínimos [...]. Nos está fallando el sistema de procuración de justicia", admitió la secretaria de Gobernación.

"Queremos decirles a las mujeres de México que son la prioridad de la Cuarta Transformación, y que, desde el gobierno de México, estaremos escuchando sus demandas, poniendo atención a sus reclamos, pero que también estamos trabajando día a día para contar con las mejores políticas y acciones para darles respuestas", ofreció la titular de la Segob.

Fueron intentos de diálogo que las palabras del presidente engulleron con su rechazo a las demandas, argumentando que, ante los feminicidios, había que fortalecer los valores culturales, morales y espirituales y el bienestar de la gente, reducir el consumo de drogas y la desintegración familiar: "Ya no se permite la impunidad, ya no se permite la corrupción [...]. ¿Para qué queremos fiscalía si todos los días estamos trabajando para garantizar la paz y la tranquilidad?".

Indiferente a las protestas, sin ánimo de atender los llamados del 8M y 9M de 2020, López Obrador tampoco quiso comprender los pronunciamientos en contra del Estado omiso.

Asumiendo los reclamos feministas como descalificaciones personales, emprendió el golpeteo en su contra con declaraciones que se acumulan y diversifican: "Hace unos dos años, cuando empezó el movimiento feminista, muchas mujeres participaron, pero se empezaron a dar cuenta de que se habían convertido en feministas conservadoras sólo para afectarnos a nosotros, sólo con ese propósito", dijo el 29 de septiembre de 2021.

"¿Qué hizo el neoliberalismo o quienes lo diseñaron para su beneficio? Una de las cosas que promovieron en el mundo para poder saquear a sus anchas fue crear o impulsar los llamados nuevos derechos. Se alentó mucho, incluso por ellos mismos, el feminismo, el ecologismo, la defensa de los derechos humanos, la protección de los animales... Muy nobles todas estas causas, muy nobles, pero el propósito era crear o impulsar, desarrollar estas causas para que no reparáramos en que estaban saqueando al mundo", prosiguió el 29 de octubre de 2021.

El discreto feminismo "4T"

"¿Qué querían las feministas? ¿Que yo saliera a enfrentarme con el presidente? ¡No! Yo lo platicaba con él, y yo platicaba mucho, mucho con él estos temas", cuenta ya fuera del gabinete la presidenta del Senado.

¿Tuvo oportunidad de rebatirle que las feministas no eran falsas ni enviadas de los conservadores?

"Le dije: 'Presidente, ese saco no me lo pongo yo, porque no soy ni manipulada'. Y tengo 55 años en esta lucha. Pero él se estaba refiriendo a esa sociedad civil a la cual se le daban recursos y de la que no se tenían indicadores de su eficiencia."

A la distancia, Olga Sánchez Cordero evalúa las movilizaciones de 2020 que, aun frenadas por la pandemia, derivaron en una nueva confrontación de las organizaciones de mujeres con el mandatario porque se negaba a reconocer el incremento de la violencia doméstica en el confinamiento sanitario.

"El tema no era contra nosotras, el tema era, definitivamente, una diferencia con el mismísimo presidente. Y no. No las hicimos a un lado ni nada. Ellas también se replegaron. Tampoco hubo una coordinación acá", pondera la ahora legisladora cuando habla de las feministas que le reclaman su silencio en esos episodios.

"Nosotras lo que hicimos es que atendimos más a territorio, que eso es lo que al presidente le importa. Ahí donde estaban los problemas y las necesidades, hicimos muchísimas cosas. Trabajamos con muchas mujeres muy pobres, con otros… no quisiera llamarles estratos, pero digamos otro universo distinto a Paty Mercado o a Paty Olamendi… otros universos. Y el repliegue fue también de ellas en la comunicación con nosotras, con Nadine [Gasman], con Fabiola [Alanís]", justifica la ministra.

Tampoco la senadora Malú Mícher acepta haber callado, en la defensa de la causa feminista, frente a López Obrador.

"Lo que no queremos es perder la batalla. Entonces escogemos. Hay quien le habla al presidente y a mí me ha tocado aquí. Y la estamos ganando en el Poder Legislativo. ¡Y no la ganábamos hace muchos años!", explica.

Nadine Gasman asegura que también se está avanzando en el gobierno con la construcción de políticas públicas con perspectiva de género. "Nosotras hemos salido de esa zona de confort de ser feministas institucionales, a irnos con las mujeres de base. Me interesa mucho hablar con las mujeres campesinas; una, digamos, narrativa, una teoría más vinculada al feminismo popular, comunitario, pedagógico", contrasta.

Con una amplia trayectoria en el sistema de Naciones Unidas, franco-mexicana, acostumbrada a tejer alianzas con activistas de diversos signos, la funcionaria que se incorporó al gobierno en 2019, después de más de una década de trabajo diplomático en el extranjero, habla del desencuentro que caracteriza al feminismo mexicano en tiempos de la 4T: "A mí me da como pesar que no estemos, que no tengamos a todas estas organizaciones tan preocupadas apoyando y haciendo… Por primera vez tenemos un modelo de prevención primaria de la violencia contra las mujeres".

La presidenta de Inmujeres cuenta de la dispersión de programas y de la incomunicación que había en la administración pública, incluido el antagonismo entre la institución a su cargo y la Comisión Nacional para Prevenir y Erradicar la Violencia contra las Mujeres (Conavim). Y del Grupo Interinstitucional de Estrategia contra las Violencias (GIEV) que creó Sánchez Cordero, una plataforma afín a la narrativa presidencial, que dio paso al programa Mujeres Constructoras de Paz (Mucpaz), integrado actualmente a la estrategia de seguridad y a las mesas locales de coordinación.

A diciembre de 2021 había 257 redes Mucpaz en 100 municipios de 26 entidades, donde se han activado 47 alertas de violencia de género.

Es el timbre de orgullo de la exsecretaria de Gobernación: "Atendimos los problemas en territorio, en las zonas rurales más recónditas, con el Mucpaz; capacitamos a las mujeres como promotoras de paz a través del GIEV, y logramos que toda muerte violenta se investigara como feminicidio, por eso se disparó este delito, porque estaba oculto", argumenta.

Esto también es lo que más enorgullece a la presidenta de Inmujeres, pues fue gracias a la adaptación en México de la resolución 1325 de Naciones Unidas que concretaron las redes de Mujeres Constructoras de Paz que la secretaria de Seguridad Ciudadana, Rosa Icela Rodríguez, incorporó a su estrategia en los municipios con mayores índices de violencia criminal.

Sin embargo, Patricia Olamendi, consultora de Naciones Unidas que en esa condición certificó en Centroamérica dicho mecanismo, pone en duda el carácter de política pública de Mucpaz: "Están amparándose en la resolución 1325, pero, al menos públicamente, la Secretaría de Relaciones Exteriores no ha reconocido que en México vivamos en conflicto armado, porque sólo en ese caso aplica la 1325. De lo contrario, se trata de una farsa. ¿Cómo vas a construir paz, si no hay justicia restaurativa, ahí donde los narcos desaparecen a las niñas y los padres han dejado de mandar a sus hijos a la escuela? Eso es un negocio, un *show*, para armar comités de Morena".

Nadine Gasman lamenta que ese "esfuerzo institucional" de las Mucpaz sea eclipsado por otros asuntos y se queja de haber "cargado con muertos como el tema del financiamiento de los refugios". Admite que estuvieron en riesgo. "Pero los recuperamos y su presupuesto ha aumentado".

Ésa, la batalla que dieron en 2019 por revertir la eliminación de los refugios que el presidente López Obrador había ordenado, estableció por la vía de los hechos el nuevo mecanismo de cabildeo y negociación de la agenda feminista en el carril gubernamental: sin activistas aliadas, sin altavoces ni registro.

Fue desde esa experiencia que las mujeres de la 4T decidieron conseguir solas y, al margen de los reflectores de los medios que en otros tiempos tanto utilizaron, los pasos a seguir.

"Convencí al presidente de que dejara que siguieran los refugios. Y quedaron en manos de Indesol [hasta 2019 dependieron de la Secretaría de Salud], con el que además hicimos el programa de Geografías de Paz", relata Sánchez Cordero.

Aunque diseñó la estrategia con la secretaria de Gobernación; con Alicia Leal Puerta, secretaria técnica del GIEV (2019-2020); y con la titular de Inmujeres, la senadora Mícher prefirió no asistir a la reunión con el presidente en Palacio Nacional. Temía enojarse a la hora de la discusión.

Le mostraron datos de las mujeres que se habían salvado en los refugios, huyendo de la violencia en sus casas, y le expusieron las consecuencias que tendría su cierre. "¿Y cuánto dinero se necesita?", preguntó López Obrador.

Eran 359 millones de pesos, y al escuchar la cantidad, el presidente de inmediato accedió: "Adelante, adelante, no tenemos por qué estarnos peleando con las mujeres por eso".

Cuentan que esos reclamos han continuado y que acuden a la Secretaría de Hacienda cuando se requiere.

"Les hablamos netas. Pero no tenemos que andar ventilando todo. Y, sí, hemos luchado al interior de las dependencias. Pero hay que reconocer que hay resistencias; no hay dinero, y existen maneras de decir las cosas… Cuando llegas a gritos, a sombrerazos, no hay diálogo", justifica la senadora morenista.

"Ha sido un tejer muy fino desde allá adentro y el presidente ha sido receptivo. En otras cosas no ha cambiado su postura, pero en los refugios sí."

Fue lo único que se salvó de un diagnóstico que las feministas de la 4T terminaron haciendo suyo: las organizaciones de la sociedad civil se servían con la cuchara grande y las estancias infantiles eran un negocio privado sin transparencia.

"Las cacharon con credenciales de niñas y niños que no existían, actas de nacimiento de gente que sí existía en el mundo, pero que no iba a esa guardería. ¡Se acabó! Fue un tema muy delicado. Y no hay que mentirle a la gente. Ya no se pueden crear más estancias, sí, pero tampoco desaparecieron todas. Hay como 600 que siguen", plantea la senadora Mícher.

¿Eran las estancias infantiles un espacio de corrupción?, preguntamos a la exsecretaria.

"Un porcentaje. Y eran carísimas. El Seguro Social daba por cada niño 2 500 pesos. Y confiaba en lo que le reportaban. Y si una estancia decía tengo 100 niños, recibía más de 200 mil pesos al mes", resume Sánchez Cordero.

"Es que se retomó la rectoría del Estado. Antes se les daban recursos. Pero nunca rendían cuentas. Les dijimos:

queremos entregables, indicadores. Y no les gustó. Como había organizaciones brillantes, extraordinarias, transparentes, trabajadoras, dedicadas, había otras que no. Que injustamente muchas de estas organizaciones sí eran transparentes, sí rendían cuentas. Sí. Y que de manera injusta… Sí, era una tabla rasa", admite la ministra.

La paz que no llega

Para Nadine Gasman, cuando el presidente corta de tajo esa canalización de recursos "está pensando en Fundación Televisa, en organizaciones como Mexicanos contra la Corrupción. Es como en epidemiología, en presupuesto, en todo: que tú tienes que ver lo grande y partir de ahí. Y, sí, a veces lo otro no está en el mismo patrón.

"Y nosotros lo hablamos mucho con el presidente en su momento, y él lo que nos pedía era ver el bosque, que tenemos un sistema que cambiar y que ahí hay grupos: los ambientalistas, las organizaciones de derechos humanos, las feministas. Y empezó con las feministas, porque éramos las más visibles", relata la presidenta de Inmujeres.

Al igual que sus compañeras de Nosotras tenemos otros datos, plataforma que surgió en plena pandemia para documentar el alza de las violencias que el presidente López Obrador negaba, la directora de la Red Nacional de Refugios, Wendy Figueroa Morales, tiene una visión crítica hacia la improvisación del actual gobierno y la falta de definiciones presupuestales que garanticen el cumplimiento de una política pública de Estado para estos espacios surgidos en 2003.

Recuerda que, en la Segob, Sánchez Cordero apenas las recibió media hora, de prisa, y con una idea reiterada: estamos retomando la rectoría del Estado. "Se olvida de que el Estado también está conformado por las organizaciones de la sociedad civil", señala la responsable de la Red que, aclara, siempre ha tenido el seguimiento de la Auditoría Superior de la Federación.

De la Secretaría de Salud a la que estaban adscritos, los refugios pasaron a Indesol y, con la desaparición de éste serán canalizados a la Conavim, cambio que Wendy Figueroa considera un nuevo peligro porque ésta carece de una estructura jurídica que le permita vincularse con las organizaciones civiles.

"Mientras los refugios no sean una política de Estado, existe el riesgo de que se convierta en una política partidista y seguiremos escuchando propuestas aterradoras como la de dejarlos en manos de los municipios, donde pueden volverse botín del crimen organizado y dejar de ser un espacio seguro para las mujeres", advierte la directora de la Red.

Para Wendy Figueroa la paridad del gabinete y el promovido gobierno feminista aún no se han dejado sentir en la planeación ni en los cambios institucionales: "Sí, somos de los pocos programas que seguimos teniendo presupuesto. Lo reconocemos y aplaudimos. Pero un obstáculo, un área de oportunidad de esta administración, es que toman medidas sin un previo diagnóstico, hacen propuestas sin consultar a quienes estamos con las víctimas".

Ésa es la conclusión de la activista que, en pleno confinamiento, y ante el decreto de austeridad de abril de 2020, debió emprender una segunda batalla: frenar que esos recortes incluyeran las Casas de la Mujer Indígena y Afromexicana (Camis).

Una vez más, a su modo, y gracias a la cercanía cotidiana con el presidente, la titular de la Segob consiguió que los servicios de auxilio y atención a las víctimas fueran clasificados como esenciales.

Nunca López Obrador admitió las cifras ni las razones de las feministas, e incluso llegó a declarar que 90% de las llamadas al 911 eran falsas. ¿Por qué el rechazo presidencial a que la violencia familiar había crecido? ¿Nadie se atrevió a contradecirlo? Las feministas de la 4T tienen respuestas diversas.

"Estábamos muy ocupadas haciendo la estrategia de cómo prevenir esa violencia. Nadie nos ha dado crédito, pero saliendo de una reunión del GIEV, la secretaria Olga se fue a pedirle al Consejo de Salubridad que la atención a la violencia contra las mujeres fuera considerada lo que es: una actividad esencial. Capacitamos a la gente del 911, entramos en contacto con los estados y nos ocupamos de visualizar que sí, que teníamos ese problema", narra Nadine Gasman.

La senadora Mícher: "No era una resistencia de negar, sino una resistencia como de vergüenza. También a los gobernadores les cuesta aceptar la Alerta de Género. No es que el presidente lo niegue, es que da mucha pena aceptar que están matando a tus mujeres en tu país, donde, además, la mayoría de la sociedad no quiere aceptar que existe la violencia contra las mujeres. Tenemos que contar también que el presidente se ha dejado llevar". Ejemplifica la exdirectora del Instituto de las Mujeres del Distrito Federal (2006-2012) en la gestión de Marcelo Ebrard, que cuando López Obrador anunció la Ley de Amnistía, en el contexto de la pandemia, le envió un mensaje: "Ojalá que tomes en cuenta a las mujeres encarceladas por aborto".

Y al día siguiente, el presidente agregó esa causa a su iniciativa. Lo mismo sucedió con la aceptación en el gabinete de seguridad de que había que tipificar los asesinatos de mujeres como feminicidios. Y con la puesta en marcha de medidas de atención a las llamadas de auxilio.

Hubo correcciones y ajustes: la cancelación, antes de que saliera al aire, de un refrito de la campaña de los años noventa, "Cuenta hasta 10", que se había elaborado a instancias del vocero presidencial, Jesús Ramírez Cuevas, ante los cuestionamientos de que trivializaba el problema.

En junio, la secretaria Sánchez Cordero relevó a Candelaria Ochoa de la Conavim, y nombró a Fabiola Alanís

Sámano, quien atendía el área de violencia en Inmujeres y tomó el encargo reconociendo de manera frontal la gravedad de la situación.

"No ocultamos las cifras ni las maquillamos. Hemos abierto la discusión. Y hemos dicho sí, es cierto: asesinan de manera violenta, todos los días, a 10 mujeres, siete de las cuales están clasificadas así, no como feminicidio. Y hemos ido con las autoridades estatales a solicitar que se reconozcan las razones de género y se reclasifiquen como feminicidios, porque ésa es una reivindicación de muchos años del movimiento feminista. Y estamos señalando que en México se viola a una mujer cada dos horas; haciendo una identificación puntual de los feminicidios infantiles, y de las víctimas indirectas: niñas, niños y adolescentes en orfandad por feminicidio."

"El propio presidente ha reconocido esta realidad. Porque estamos en un proceso de reeducación y todos nos estamos reeducando", explica la comisionada, exdirigente del PRD en Michoacán y fundadora de Morena.

Continuaron los señalamientos de la mano negra detrás de las movilizaciones de mujeres en Palacio Nacional, como sucedió en septiembre de 2020, con la toma de la sede en el Centro Histórico de la Comisión Nacional de Derechos Humanos (CNDH), por la impunidad de sus casos, y en la marcha por el derecho a decidir, coyuntura en que el gobierno de la CDMX desplegó del denominado "cerco de paz" un protocolo que coloca al cuerpo femenino de policías "Las Ateneas" para contener a las marchistas.

Fabiola Alanís, sin embargo, tiene razón: el seguimiento periódico de las violencias de género y de las respuestas institucionales figuran ya entre las rutinas de las conferencias de López Obrador. Al final, se impuso la realidad, dejando en el plano de las anécdotas los días en que se intentó negarla.

De esos días, la exsecretaria Sánchez Cordero sostiene su propia explicación: "El problema era que el presidente lo que quiere es la paz. Entonces hablar de violencia para él… Estoy ahora con… Lo que el presidente quiso decir…".

Se interrumpe con su risa y retoma: "Hablar de violencia para él es echarle lumbre, más combustible al fuego. Quiere la reconstrucción de la paz. Y no le gusta hablar de eso".

¡Un violador no será gobernador!

Reacio a la perspectiva feminista de que la violencia impune es responsabilidad del Estado mexicano, el presidente tampoco quiso romper el pacto patriarcal.

Se negó a escuchar el ya basta en contra del código de silencio que deja sin castigo a violadores, acosadores y feminicidas, pero cuando el tema del pacto patriarcal traspasó las puertas de Palacio Nacional, López Obrador se burló del concepto, ignorando el planteamiento de que éste amenaza la seguridad y la paz de las mujeres.

Hablar de los agresores anónimos del confinamiento sanitario incomodó al presidente, aunque los señalamientos por acoso, abuso y violación sexual hacia uno de los suyos escaló todavía más el rechazo a las banderas feministas en el primer cuatrimestre de 2021.

Con las elecciones federales del 6 de junio en puerta, el candidato de Morena a la gubernatura de Guerrero, el senador con licencia Félix Salgado Macedonio fue puesto en la mira de colectivas y de sus propias compañeras de partido como potencial aspirante a reprobar el nuevo filtro que el INE y el Tribunal Electoral avalaron: "3 de 3 contra la violencia".

Aunque sólo se trató de un acto de buena fe, esa plataforma comprometió a las dirigencias partidistas a quitar de las boletas a los perfiles que fueran deudores de pensión o responsables probados de violencia política o acoso sexual, y Macedonio había sido denunciado por violación.

Como parte de esa campaña, el nombre del morenista se incluyó en las denominadas "antiboletas" que difundió la Observatoria Todas Mx con 25 candidatos que tenían, dijeron, acusaciones en tal sentido.

Eran aspirantes del PAN, PRI, PVEM, PRD y Movimiento Ciudadano. Hasta ahora, sin embargo, sólo hubo dos casos con sanciones partidistas: el diputado Saúl Huerta de Morena, que perdió su carácter de militante y el fuero para ser procesado por violación y abuso de menores, aunque 112 días después de una denuncia penal; y el diputado electo Jorge Alberto Romero Vázquez, a quien el PAN le suspendió sus derechos políticos y no podrá rendir protesta, ante las acusaciones de violación y agresión sexual.

Antes, en la precampaña electoral, bajo la consigna de que "¡Un violador no será gobernador!", el veto de las feministas hacia Salgado Macedonio se expandió en el Congreso, redes sociales, marchas, cartas, comunicados, solicitudes de desafuero y en la plataforma Change.org. Unas pedían revisar las denuncias, otras cancelar la candidatura.

Esas inconformidades marcaron el 8M de 2021, obligando al partido a posponer la postulación de su candidato para después de las movilizaciones previstas por la efeméride.

Desde los primeros días de enero, sin embargo, y hasta que se le ratificó como el perfil más popular para ganar la gubernatura de Guerrero, en una segunda encuesta estatal, Salgado Macedonio fue defendido por López Obrador como blanco de la politiquería electoral.

"¡Ya chole!", pidió el presidente a los medios de comunicación cuestionando que ahí se le juzgara y condenara al guerrerense cuando esto no había sucedido en las instituciones de justicia.

Esa postura presidencial determinó el manejo de una supuesta investigación interna de las denuncias de acoso que tanto la víctima como sus abogadas calificaron de montaje.

Una indagación obligada por la presión de las feministas de Morena, que esta vez se rebelaron, despojándose de la disciplina que las había caracterizado para respaldar la agenda de su líder político.

En la Cámara de Diputados, Wendy Briceño y Lorena Villavicencio tomaron la iniciativa, pronunciándose en contra de defender lo indefendible. Así lo dijeron.

Para finales de febrero, la inconformidad se desbordó en una carta en la que más de 500 militantes, mujeres y hombres, solicitaron a la dirigencia de Mario Delgado y a la Comisión Nacional de Honor y Justicia (CNHJ) que se reconsiderara el registro de Salgado Macedonio, alegando que la impunidad con la que se tratan en México las denuncias de las víctimas no debía solaparse por el partido que aspira ponerle fin a la justicia ciega.

Firmado por senadoras, regidoras, diputadas, la presidenta de Inmujeres, la secretaria general de Morena, Citlalli Hernández, el texto sancionaba: "En Morena no hay lugar para los abusadores y expresamos nuestro rechazo a que Salgado Macedonio siga adelante con su candidatura".

Eran los días de la pandemia y las reuniones virtuales. Malú Mícher, Nadine Gasman y Wendy Briceño, entre otras feministas de la 4T, armaron una reunión vía Zoom con Mario Delgado. Le contaron que estaban preocupadas, dolidas y ocupadas en ser ellas las que bajaran al controvertido candidato y no las organizaciones críticas al presidente López Obrador.

El dirigente de Morena condicionó: "Denme elementos y escribamos juntos un antes y un después. Pero sólo con sospechas no puedo hacer nada".

Ellas reviraron que justamente ése es el problema del acoso y del abuso: siempre impune. Sabemos cómo es y quién es, respondieron varias. Nos ha tocado ver y vivir lo libidinoso que es Félix, alegaron. El dirigente cerró la conversación con un "eso no es suficiente" y el reiterado "tráiganme pruebas".

Quedó abierta la conversación, en espera de "los elementos" que permitieran documentar el viralizado clamor de "¡Un violador no será gobernador!".

Pero las pruebas eran desechadas en la CNHJ del partido, donde el caso se revisó bajo un formato que, a decir de Patricia Olamendi, abogada de la denunciante Basilia Castañeda, estaba hecho para resguardar al acusado y que fueran sus defensores quienes la interrogarían.

Para la feminista, en Morena se reprodujo el modelo de impunidad que antes, en Guerrero, salvó al político de ir a fondo en las carpetas de investigación, volviéndolas improcedentes porque el presunto agresor era diputado o presidente municipal.

Ante la presencia de Patricia Olamendi en las oficinas de un hotel capitalino que se habilitó para escuchar a la víctima, y el vuelo que tomaron en los medios las declaraciones de Basilia Castañeda de que era el presidente López Obrador quien tenía la última palabra, Mario Delgado dio por cancelada la posibilidad de ceder.

La decisión estaba tomada: Félix sería el candidato. Y el paréntesis en su postulación se había tomado para sortear la coyuntura del 8M.

En la conferencia matutina del 25 de febrero, el presidente contó: "Ahora con la simulación sobre el feminismo empiezo a escuchar: 'Rompe el pacto, rompe el pacto' [...]. Me enteré de lo que era eso hace cinco días, porque mi esposa me dijo. Le digo: 'Oye, ¿qué es esto de rompe el pacto?, explícame'. Y ya me dijo: 'Rompe el pacto patriarcal, o sea, deja de estar apoyando a los hombres'. [...] Son expresiones importadas, copias. ¿Qué tenemos nosotros que ver con eso? Si nosotros somos respetuosos de las mujeres, de todos los seres humanos".

En la reconstrucción de aquellas horas que califica como tristes, porque evidenciaron el fracaso que son las fiscalías y el acceso a la justicia, Malú Mícher cuenta de la carta personal que le envió al senador Salgado Macedonio: "Le dije: 'Retírate de la contienda mientras terminan las investigaciones', porque la utilización del tema fue terrible".

Ante los hechos consumados, la legisladora hace suya la conclusión partidista de entonces: no había sentencia que lo acreditara como violador. "En Morena fue difícil. Estábamos enojadas. Nos dábamos esperanza. Unas prudentes, otras hablaban. Y fuimos autocríticas entre nosotras. Llorábamos, debatíamos cuál era el deber ser. Y Mario nos escuchó. Él también la pasó mal. No estaba en un lecho de rosas".

El fallo a favor de Salgado Macedonio se dio cuatro días después del 8M: la CNHJ concluyó que el morenista no tenía impedimentos para aspirar al cargo y la Comisión de Elecciones aplicó una nueva encuesta en la que *El Toro* arrasó.

No era una sorpresa. Al interior del partido, quienes debían saberlo fueron enterados de que López Obrador contaba con su propia indagación y ésa daba sustento a la defensa del legislador.

Por instrucción presidencial, esa tarea correspondió a la secretaria Sánchez Cordero, que, precavida, evitó hacer juicios sobre el candidato, limitándose a elogiar la concientización que los partidos y sus militantes adquirían en torno a la violencia de género.

La funcionaria conversó con el fiscal de Guerrero, Jorge Zuriel de los Santos Barrila, quien ante nuevas acusaciones debió reabrir la carpeta de Félix Salgado, al tiempo que el antecesor, Javier Olea Pérez, declaraba que en su gestión atestiguó un deliberado encubrimiento para el morenista. "Le pedí detalles del juicio y me aseguró que era una denuncia de hace muchos años y que nunca, nunca, procedió porque nunca hubo los elementos de prueba suficientes. Por eso nunca se consignó ante los tribunales".

Cautelosa, sin referirse a las versiones de que el candidato había sido encubierto, Sánchez Cordero le dijo que ella estaba convencida de que si un candidato tenía una investigación de acoso, de violación, no debía ser postulado.

"El fiscal me insistió que no había elementos suficientes. E incluso yo le dije que quizá no se ha revisado con perspectiva de género, lo cual significa reconocer que la mayor parte del acoso, del hostigamiento, de la violación sucede en relaciones en donde solamente están presentes la víctima y el victimario. Y él me respondió que, ni con perspectiva de género, se logró integrar el suficiente acervo aprobatorio. Así me lo dijo, textual."

De los Santos Barrila ofreció a la secretaria de Gobernación enviarle el expediente para que en Palacio Nacional contaran con los detalles que le interesaba conocer al presidente López Obrador.

Sánchez Cordero consideró que no era necesario. "Usted tiene que resguardarlo y yo le creo lo que usted me está diciendo, le respondí. De esa manera cumplí con la petición del presidente de investigar cómo estaban las cosas. Le compartí la información y él concluyó que ahí había un tema estrictamente político. Con eso se quedó él", resume.

8M 2021: la valla y la solución Salgado

Así que frente al llamado del 8M de 2021 de que se rompiera el pacto patriarcal que desautoriza la palabra de la víctima y deja impune al violador, el presidente volvió a las críticas hacia el uso opositor del feminismo y consintió el levantamiento de la valla que rodeó Palacio Nacional desde tres días antes de la efeméride.

Si bien esa medida y el uso de drones fueron respuesta a reportes de inteligencia de que infiltrados entre las anarquistas aprovecharían la marcha para ingresar a la sede de la Presidencia de la República, la imagen selló la distancia plena del gobierno con el movimiento de mujeres que transformó el muro en un memorial con los nombres de víctimas de feminicidios.

"Las vallas son para la protección de las mujeres", justificó la secretaria de Gobernación cuando las funcionarias del gabinete acompañaron al presidente y su mensaje de que aquel era un muro de paz.

La marcha dejó una escaramuza mediática en torno a la violencia entre mujeres policías que se desplegaron alrededor de Palacio Nacional y las manifestantes. Al día siguiente, el presidente y la jefa de gobierno centraron sus valoraciones del 8M en los actos delictivos de las movilizaciones. Ella expuso como evidencia la intercepción de un taller donde se fabricaban bombas molotov. Y él aseguró que en las protestas hubo cizaña y mano oculta de los conservadores: "No les gusta nada nuestro gobierno, hagamos lo que hagamos".

Tampoco a las feministas de la 4T les agradó el resolutivo del 12 de marzo de Morena que ratificó la postulación del guerrerense. Pero en ese momento, las inconformes volvieron a la disciplina partidista.

Aunque en abril ninguna celebró pública ni abiertamente la anulación definitiva que de la candidatura hicieron 6 de 11 consejeros del INE —medida que el Tribunal Electoral avaló días después— por no haber declarado gastos de precampaña, lo que era una violación a la legislación electoral cuya sanción fue el retiro de la candidatura. En el balance posterior de aquel incómodo episodio, las feministas de la 4T se declaran satisfechas.

La comisionada Fabiola Alanís sostiene que la respuesta del movimiento feminista fue clave: "Porque muchas dijimos: 'Eso no queremos'. Ahí están los resultados: una mujer es gobernadora, con una arrolladora votación. Y ahora están en la lupa todos quienes aspiren a tener un cargo de elección popular".

Se le recuerda a la titular de la Conavim que la cancelación no se definió en Morena, sino en el INE.

"Fue el INE, sí, pero es un precedente con una argumentación diferente. Y ahí está Evelyn [Salgado Pineda], una gran compañera y un gran avance para Guerrero tener a una guerrera. No me gusta decirle *Torita*. No hay que estigmatizarla", alega.

Malú Mícher se suma al cobijo de la gobernadora. Cree que tendrá que independizarse de su condición de hija del senador y construir una personalidad política propia. Pero subraya que se trata de una mandataria estatal que se formó en el movimiento de la 4T y que su designación fue una buena salida para preservar la continuidad del proyecto que el padre representaba.

"El presidente dijo éste es un problema que no conoce toda la gente, pero si hay un reclamo, hay que escuchar. Y ni modo, tuvieron que escuchar", sintetiza al evaluar la cancelación de la candidatura.

Al reiterar la aclaración de que eso lo decidió el INE, la senadora morenista se sincera: "¿Por 19 mil pesos? ¿Tú crees?".

Ésa es la cantidad que Salgado Macedonio no había comprobado ante el órgano electoral, omisión que se penalizó con el fin de su registro.

Malú Mícher comparte: "No. Creo que, además de lo que decidió el INE, hubo una toma de conciencia. Sí, la multa nos pegó durísimo, como le pegó a Michoacán: dos candidatos se vinieron abajo. Ay, en la torre. Pero a mí me da gusto la solución que hubo: Evelyn es muy trabajadora y Félix no está renunciando a su causa y a su estado. Y si fue verdad [la denuncia de violación], lección aprendida. Y si fue mentira, lección aprendida. Ya se les acabó su patriarcado".

Nadine Gasman rescata la moraleja: "Con un precio alto, se logró que no fuera candidato. Porque sí tuvo implicaciones con las mujeres, con las feministas, en la Ciudad de México, en medio de unas elecciones muy exitosas y con esto haciendo tanto ruido. Pero, al final, prevaleció la ley".

Insisto, ahora con la presidenta de Inmujeres, que en esa salida no hubo una discusión con enfoque de género, sino un asunto administrativo.

"Por lo que sea. En relación con el futuro, hemos avanzado y mucho", celebra Nadine Gasman.

Pero el saldo de este episodio sigue abierto a valoraciones contrarias y contradictorias.

Así, la noche de la renuncia de Santiago Nieto a la Unidad de Inteligencia Financiera (UIF), el 8 de noviembre, después de su boda con la consejera electoral Carla Humphry Jordan, en un hotel de Antigua Guatemala, un tuit del senador Salgado Macedonio celebró la incómoda circunstancia: "La que me tumbó se lo llevó entre las patas. ¡Feliz Luna de Miel y que viva el amor! Cayó un apóstol y entró otro. ¡Dios es grande!".

La anecdótica *vendetta* digital del senador morenista en contra de la destacada integrante del INE se añade al cuento de las mujeres truculentas que surgió en el proceso de impugnación de su candidatura.

Aunque nunca hizo pública la acusación ni pronunció el nombre de la entonces secretaria Irma Eréndira Sandoval, la versión que se arraigó en Morena es que López Obrador la responsabilizó de las grillas que minaron a Salgado Macedonio y que, por eso, en castigo a lo que consideró una traición, la removió del cargo.

De manera que en el partido y en el entorno del gabinete coexisten las dos explicaciones: la presión de las mujeres encontró en el INE un eco a sus justas demandas y el presidente tenía razón en que hubo politiquería de la exsecretaria de la Función Pública para beneficiar a su hermano, el diputado Pablo Amílcar Sandoval, aspirante a la candidatura que perdió.

¿No es una actitud misógina culpar a una integrante del gabinete de la batalla feminista de "Un violador no será gobernador"?, preguntamos.

Olga Sánchez Cordero no desmiente la versión que se ha tornado casi oficial y plantea: "Creo que su hermano, legítimamente, también, tenía la aspiración de ser gobernador. Él era el encargado de los programas sociales en Guerrero. Como la sigue teniendo. Si no fue en ésta, a la mejor la próxima o después. Es demasiado joven todavía. Pero el que tenía todas las simpatías del pueblo, el que arrasaba, el más popular era Félix, no era el hermano de Irma Eréndira. Eso lo sabía bien el presidente que tiene la política en la punta de la yema de los dedos, una sensibilidad como yo nunca he conocido. Le aprendí mucho al presidente, trabajar con él era recibir una clase diaria de política".

La 4T es feminista... o no será

El fervor hacia López Obrador es un distintivo de las feministas de la 4T. Un hecho criticado por sus compañeras de lucha de otros tiempos, considerándolas sumisas ante el patriarcado presidencial.

Señaladas como mujeres en el poder sin poder, indiferentes a la descalificación que el mandatario hace de la perspectiva de género, las funcionarias y políticas de la auto-proclamada Cuarta Transformación reivindican que ésta ha venido a catalizar cambios imposibles en el pasado reciente: paridad, reconocimiento de las violencias, despenalización del aborto, interseccionalidad en la educación básica…

Reivindican su lealtad política hacia el presidente y re-chazan que sea contraria a las causas feministas.

Son, sin embargo, una minoría dentro del amplio y di-verso movimiento que López Obrador encabeza.

Y aunque aseguran haber logrado que la agenda de la igualdad sustantiva sea parte de la administración federal, el gabinete más paritario de la historia de México no es un gabinete feminista.

Tampoco lo son las tres presidenciables que López Obrador incluyó en la lista de los prospectos que podrían relevarlo hacia 2024: la jefa de gobierno, Claudia Shein-baum; y las secretarias de Economía, Tatiana Clouthier, y de Energía, Rocío Nahle.

Pero en el gabinete nadie se ha negado a colaborar con el programa Proigualdad, presume la presidenta de Inmujeres.

Desde la Conavim, la comisionada Fabiola Alanís Sámano se dice convencida del diagnóstico presidencial de que el neoliberalismo incrementó, además de la pobreza, las vio-lencias contra las mujeres y que la 4T es el mejor referente para un feminismo que se propone la subversión. Porque también, señala, hay feminismos conservadores.

"El presidente no engañó a nadie. En las plazas públicas nunca dijo soy un feminista; dice soy humanista, un luchador social. Él ve pueblo más que géneros, ve clases sociales. Y, la contradicción y exceso de algunos sectores militantes de mujeres es esperar la voz del patriarca, y si el patriarca no dice, las demás no existimos, y no es así. Él es el máximo exponente de la Cuarta Transformación, pero la Cuarta Transformación la hacemos todas. Somos el movimiento feminista y somos la 4T, y estamos impulsando cambios, rompiendo paradigmas, intentando garantizar los derechos de las mujeres e ir más allá. Si en los tres años que lleva la administración, no sabemos reconocer los avances, quiere decir o que tenemos una lectura equivocada, sesgada, o que esa lectura está atravesada por nuestras filias o fobias: estamos a la vanguardia en paridad, porque llegó la primera mujer feminista a ocupar el segundo espacio más importante de este país.

"Y sí, el acceso a la justicia para las mujeres es uno de los grandes desafíos. No tenemos una sola respuesta, porque hay elementos de carácter cultural que romper. Y los movimientos ayudan a romper. Por eso estoy convencida de que el liderazgo del presidente Andrés Manuel López Obrador está ayudando mucho", argumenta la titular de Conavim.

Nadine Gasman transmite el mismo optimismo de que se está construyendo un feminismo en la 4T y que habrá de expresarse pronto en un movimiento cuyo lema sería "Por el bien de todas, primero las pobres".

Aclara la presidenta de Inmujeres que no tienen por qué escoger entre las organizaciones de mujeres o ser de la Cuarta Transformación: "Nosotras somos feministas de la 4T, porque ésta será feminista o no será. Es un feminismo para cerrar las brechas de la desigualdad con las mujeres indígenas, rurales, afro, mujeres con discapacidad, las de la diversidad sexual".

Para Nadine Gasman las manifestaciones de la diamantina rosa son parte de la gran expectativa de cambio que el gobierno de López Obrador generó, así como la despenalización del aborto que se da en congresos estatales y que se ha confirmado con las definiciones de la Suprema Corte de Justicia de la Nación.

"No es que las cosas tenían que pasar porque ya tocaba. No. Pasan cuando existe el andamiaje político para que ocurran. Tampoco es casualidad que exista una política exterior feminista ni la paridad. Ni que México cuente con una educación con perspectiva de género y con interseccionalidad, ese lugar cooptado por la derecha en Latinoamérica", enumera.

Y comparte ejemplos: se hizo un modelo de prevención primaria de la violencia; en la Secretaría de Cultura, se han peleado con los gurús cuando los premios y las programaciones excluyen a las mujeres; Sedatu hace urbanismo con perspectiva de género; las dos secretarias de Economía han impulsado rondas de negocios para apoyar a las empresarias. "Cuando dicen que no estamos haciendo nada, que no hay presupuesto, yo digo, bueno… Si no quieren ver…".

AMLO, el "empoderador" de mujeres

Las suspicacias y dudas sobre los esfuerzos que las feministas de la 4T realizan encuentran reciprocidad en las evaluaciones reprobatorias que ellas hacen del pasado inmediato.

"Teníamos que ser gobierno para crear una nueva visión de los derechos humanos de las mujeres y echar abajo la simulación discursiva que hubo durante tantos años, haciendo realidad [aquello a] lo que aspirábamos", sostiene Mícher. Muestra de ello, dice, es un informe de la Auditoría Superior de la Federación donde revela que miles de millones de pesos que se etiquetaban para la igualdad sustantiva en el Anexo 13 de cada presupuesto anual eran una ficción: recursos para el campo y microcréditos que no se ejercían.

Con ese antecedente, la legisladora de Morena exalta la franqueza de un gobierno que es franco, asegura, en sus medidas de austeridad y el hecho de que todas las funcionarias del gabinete se han dejado acompañar por el feminismo.

"Aunque no se asuman feministas. Me senté con Tatiana Clouthier. Tiene claro que su principal trabajo es la economía de las mujeres En el SAT, Raquel Buenrostro fue una de las principales impulsoras de la tasa cero en productos de higiene menstrual, junto con la subsecretaria de Egresos, Victoria Rodríguez Ceja…

"Y por eso me parece una postura ridícula pensar que, si no lo hace o no lo dice el presidente, entonces no estamos haciendo nada. Cierto, mi presidente no maneja temas relacionados con los derechos de las mujeres. Pero tampoco obstaculiza ni prohíbe actuar en favor de esos derechos. ¡Déjenlo ser! Claro que tengo desacuerdos con él: su declaración de que el feminismo nace con el neoliberalismo no es correcta. Él critica que no nos metimos con la corrupción. Es una visión corta. ¿Quién se va a meter en ese tema cuando te están cortando el clítoris? Cuando alguna declaración de mi presidente no me gusta, digo: 'Nos falta mucho por avanzar'", reconoce la senadora.

En seguida Malú Mícher pone en la balanza el comentario aprobatorio de López Obrador cuando se logró la paridad constitucional. "Ay, bárbara, ya los traes a todos", cuenta que le dijo.

Se asume segura de que él no está en contra de la despenalización del aborto. "Nunca dijo nada ni lo dirá. Pero no tenemos un presidente mocho ni provida ni legionario ni Opus Dei. Y escucha, se deja llevar. Recapacita, pide datos".

Insiste la legisladora en la táctica de cuidar las batallas y asegura que habrán de darlas para construir el Sistema Nacional de Cuidados y prohibir el matrimonio forzado y la venta de niñas, ese resabio de los usos y costumbres en comunidades indígenas que el presidente se ha negado a reconocer.

Y confía en el acompañamiento del gabinete: "Probablemente no se quieran asumir como feministas. Otros sí. Ahí están Olga, Nadine, la secretaria de Cultura, la subsecretaria Ariadna Montiel, el canciller Marcelo Ebrard, la secretaria Rosa Icela que se planta, con faldas largas, por si no se las alcanzan a ver. Ellos son absolutamente feministas. Que no podemos avanzar porque ahorita no hay dinero también es cierto. Pero seguimos…".

La presidenta del Senado comparte con Malú Mícher la expectativa de que podrán convencer al secretario de Hacienda, Rogelio Ramírez de la O, y al presidente López Obrador de poner el piso de un futuro Sistema Nacional de Cuidados.

Satisfecha con lo que pudo avanzar en la Secretaría de Gobernación, Sánchez Cordero piensa que ese tinglado institucional concretaría el legado de la 4T en favor de las mujeres más pobres del país.

"Hicimos una estrategia articulada con las dependencias del gobierno y tocamos los pequeños grandes temas que les están cambiando la vida a las mujeres con permisos de las tiendas Segalmex sólo para ellas. Y construimos el GIEV y la Red Mujeres Constructoras de Paz.

"Así que estoy absolutamente legitimada en mi conciencia. La agenda feminista estuvo presente en el gobierno. Y el presidente de la República me dio un lugar muy importante, a su lado, durante el tiempo en que fui la única mujer en las reuniones del gabinete de seguridad. Mi relación con él fue extraordinaria. Sí, el tema de la misoginia estuvo ahí. Pero no por el presidente ni por el general secretario ni por el almirante secretario. Vino de otros colaboradores del presidente que estaban ahí e incluso de colaboradores míos. Es una cultura ancestral, patriarcal. Son machos espadas doradas", describe.

La exsecretaria de Gobernación insiste en que López Obrador no es partícipe de esos códigos excluyentes.

"Al presidente le encanta empoderar a las mujeres, y sí, personalmente, tiene interés en que se empoderen y lleguen a ser titulares de las secretarías y de los organismos públicos descentralizados, desconcentrados. Tiene gran confianza y deferencia al trabajo de las mujeres y un gran cariño a Claudia Sheinbaum, pero también a las demás, a Delfina, a Luisa María, a María Luisa Albores, a Rocío Nahle, a Alejandra Frausto. Valora muchísimo a sus colaboradoras. Porque le sacan el buey de la barranca y el trabajo".

Sin embargo, el gobernante que inauguró en México el gabinete paritario, el líder social que se niega a entender los motivos feministas, el presidente que proclama haber ganado la revolución de las conciencias, el exitoso comunicador que fija la conversación política cotidiana no se tomó nunca la molestia de parar la injusta y misógina descalificación hacia la exsecretaria Sánchez Cordero, ese mote de florero que —según sus colaboradores— salió de una de las oficinas de Palacio Nacional.

Sin presupuesto de género, el golpe que viene del gobierno

Nayeli Roldán

Mariana Hinojosa tenía 16 años cuando se convirtió en madre. Su novio evadió la responsabilidad y ella se hizo cargo con el apoyo de su familia. Tomaba clases en el Conalep, a veces con la niña en brazos, y gracias a una beca no tenía que pagar la colegiatura. Así logró terminar la carrera técnica de asistente directivo, aunque nunca ha ejercido.

En los siguientes 16 años, Mariana experimentó en carne propia las violencias del sistema capitalista que utiliza a las mujeres para las tareas de cuidado, pero las condena a salarios precarios si no dedican jornadas completas. Las violencias institucionales de un Estado que se beneficia de su aportación económica, pero no lo retribuye a través de servicios, instituciones o políticas públicas que disminuyan las desventajas por género. Su historia es la de miles de mujeres a quienes los gobiernos ignoran a conveniencia.

Primero trabajó medio tiempo como asistente de una organizadora de eventos. A las tres de la tarde, su hora de entrada, ya había llevado y recogido a la niña del kínder, le había dado de comer y la dejaba a cargo de su bisabuela el resto de la tarde. Salía a las 9 de la noche, y una hora después, ya estaba preparando todo para el día siguiente. Ganaba mil 500 pesos semanales.

Pero las cosas cambiaron cuando a la abuela de Mariana, de entonces 60 años, le detectaron glaucoma, una afección en los ojos que provoca pérdida de visión de forma gradual. Comenzaron las citas médicas, estudios, cuidados. "Estaban mis otras tías, pero yo era la que me tenía que hacer cargo de ella. Prácticamente me lo dieron a entender así, porque yo era la que estaba ahí viviendo con ella, a la que ella apoyaba".

Ojalá Mariana hubiera tenido una apoyo adicional, algo como el Sistema Nacional de Cuidados, una estrategia de gobierno aprobada en 2020, pero que no tiene un peso para operar. Si el Estado hubiera cumplido con la promesa de "reconocer, replantear y reorganizar" el trabajo de cuidados que generalmente recaen en las mujeres, Mariana no habría tenido que renunciar a su empleo para cuidar de su abuela.

Sólo hasta que la salud de su abuela mejoró, Mariana consiguió otro trabajo de "medio tiempo". Eran seis horas en un centro de atención telefónico en el que ganaba mil 500 pesos quincenales. Las comisiones ayudaban, pero eran insuficientes, sobre todo porque su hija estaba por entrar a la primaria y los gastos incrementarían. También tuvo que dejarlo. Se dedicó entonces a recolectar cosas usadas para venderlas en el portón de su casa. "Ganaba más y podía estar prácticamente todo el día ahí en la casa, cuidar a mi abuelita por lo de sus ojos y a mi hija, y además hacía de comer, limpiaba, todo".

Tiempo después, Mariana conoció a Alejandro, con quien se casó y tuvo otro hijo. Él consiguió una plaza como bombero, pero entre las deudas para amueblar su casa y las retenciones, termina recibiendo poco más de 6 mil pesos mensuales. Sólo en la renta se iban 6 mil 500 pesos.

Para entonces Mariana ya tenía 29 años y su cuñada le contó de Jóvenes Construyendo el Futuro, un programa social dirigido a quienes no trabajaban o no estudiaban. La población "olvidada" por otros sexenios y a quienes tildaron con el peyorativo término *nini*, decía el presidente Andrés Manuel López Obrador al presentarlo en diciembre de 2019. Era saldar la "deuda histórica" de los jóvenes a quienes el neoliberalismo les había negado oportunidades de trabajo o estudio. Además evitaría que se enfilaran en el crimen.

El programa consistía en vincular a jóvenes de entre 18 y 29 años con empresas y pequeños comercios para que aprendieran un oficio o adquirieran experiencia. El pago era de 3 mil 600 pesos mensuales, prácticamente lo mismo que en un trabajo. Mariana eligió la organización no gubernamental Fundación Esperanza de los Niños, dedicada a recolectar víveres, ropa y juguetes para llevarlos a las regiones más vulnerables en estados como Puebla, Hidalgo, Guerrero o la Ciudad de México.

Era su trabajo ideal. De toda la entrevista, ésta es la parte en que se nota su sonrisa. Cuenta con emoción la vez que organizaron un festejo del Día del Niño. "Anduvimos recorriendo colonias de escasos recursos invitando a los niños, conseguimos apoyos de dulces, recolectamos juguetes. Todas nos maquillamos de payasitos. Hubo un *show* de marionetas que también fue donado".

Pero para organizar todo eso, su rutina comenzaba a las 10 de la mañana en la sede de la Fundación en la colonia Pedregal de San Nicolás, al sur de la Ciudad de México. Aunque le quedaba a 15 minutos caminando, terminaba sus actividades a las 5 de la tarde y "era complicado porque dejaba a mis hijos solos todo el día". Luego la Fundación cambió de sede. Le quedaba a una hora de distancia, y eso significaba dedicarle nueve horas, entre los traslados y el trabajo. Era imposible.

Estaba a punto de abandonarlo, pero supo que el programa daba la opción de elegir otro centro de trabajo. Escogió la delegación Álvaro Obregón que le quedaba más cerca. Pero antes de concretar el trámite cumplió 30 años de edad y en automático el sistema la dio de baja. Ni siquiera pudo completar el año de la beca, como establecía el programa.

En el discurso oficial, Jóvenes Construyendo el Futuro apoya más a las mujeres porque hay más beneficiarias (256 mil) que hombres (178 mil). Por eso el gobierno etiquetó una parte del presupuesto de ese programa en el "Anexo 13. Erogaciones para la igualdad entre hombres y mujeres". Es un apartado en el Presupuesto de Egresos de la Federación para asegurar que una parte del dinero público financie las políticas que disminuyan las brechas de género.

La administración lopezobradorista y su partido Morena sostienen que "nunca antes" se había destinado tanto presupuesto a las mujeres, y en 2022, por primera vez, el Anexo 13 tendría 75% más presupuesto. Pero es una trampa. El incremento estuvo en los programas sociales prioritarios de la administración de López Obrador de entrega directa de dinero. Sin embargo, la paridad, es decir, que haya igual número de hombres y mujeres inscritos en algún programa, no significa que se trate de una política con perspectiva de género.

El caso de Mariana lo ilustra. Aunque tenía la misma edad que otros de sus compañeros y no trabajaba y no estudiaba, sus condiciones y necesidades eran otras. Sobre todo por la responsabilidad del cuidado de los hijos —endilgada a las mujeres— y la urgencia de llevar ingresos a la familia, pero con poco tiempo disponible.

Las feministas han tenido claro que el Estado debe responder a las necesidades de las mujeres para ir cerrando la brecha de género. Porque tenemos peores condiciones salariales: ganamos hasta 33% menos que los hombres, pero invertimos el doble de tiempo que ellos en las tareas de cuidado. Estamos más expuestas a la violencia en los espacios públicos y privados: siete de cada 10 la ha sufrido en algún momento de su vida. También sostenemos el sistema económico a través de los cuidados. Esa tarea representa 22% del producto interno bruto en el país, superior a la industria manufacturera o inmobiliaria.

¿El Estado responde a nuestras necesidades? Parece que no y la deuda está desde el origen: en la asignación del presupuesto público. La desigualdad de género no ha sido prioridad. De los más de 6 billones de pesos del Presupuesto de Egresos de la Federación en 2021, apenas destinó 2% al Anexo 13 —la partida presupuestal que debe ser usada para disminuir las brechas de desigualdad de género—, y en 2008 era aún menos: no llegaba ni a un punto porcentual.

"Si no se pone dinero para cualquier declaración de principios, es demagogia. Si no hay dinero en una instrumentación institucional, es demagogia", advierte la economista feminista de la UNAM, Patricia Rodríguez.

Que los presupuestos tengan perspectivas de género es una lucha de al menos cuatro décadas en el mundo, y en México avanzó muy lentamente desde 2004. En el sexenio del primer presidente de izquierda, Andrés Manuel López Obrador, hay retrocesos no sólo por los recortes presupuestales, sino, paradójicamente, en el adelgazamiento del

Estado. Está desmantelando instituciones y programas dirigidos a mujeres que habían probado su eficacia.

Eliminar estancias infantiles, el golpe a las más pobres

Con el pago de 10 pesos al día, Jazmín Muñoz habría podido tener servicio de guardería para su hijo Jesús, y no llevarlo consigo mientras limpia las habitaciones de un hotel en Ahuacatlán, un municipio en la sierra norte de Puebla donde ocho de cada 10 personas vive en pobreza moderada o extrema. "A veces es un poco complicado el subir y bajar con el bebé, pero cuando se duerme, pues me apuro", relata la joven delgada de cabello largo y oscuro. Tiene 19 años y trabaja ahí nueve horas para sacar adelante a su hijo, porque el padre no se hizo cargo.

Cuando Jesús cumplió un año de edad, Jazmín habría podido inscribirlo en la única estancia infantil del pueblo, iniciada en 2007 por María de Jesús Vázquez. En los 12 años de operación, Chuy, como le dicen de cariño, había visto crecer a decenas de niños de la comunidad, hijos e hijas de madres solteras, empleadas del hogar, agricultores o vendedores ambulantes.

Gracias a esa estancia, en el municipio de 14 mil habitantes donde 715 hogares son encabezados por una mujer, los niños no tenían que estar en los comercios, en el campo o en las casas solos. Pasaban la mitad del día en la estancia de Ahuacatlán, en las pequeñas mesas y sillas verdes donde desayunaban y comían, en el patio desde donde se ve un inmenso cerro, o en los tapetes de colores en forma de rompecabezas donde tenían ejercicios de estimulación temprana.

Pero cuando Jazmín buscó a Chuy para inscribir a Jesús, la estancia acababa de cerrar: era 2019. La decisión la había tomado alguien a 300 kilómetros de ahí.

En Palacio Nacional, en febrero de 2019, apenas a dos meses de iniciar su mandato, el presidente Andrés Manuel López Obrador dijo en su conferencia matutina que habían detectado "corrupción" en el Programa de Estancias Infantiles para Apoyar a Madres Trabajadoras. Era una acción afirmativa hacia las mujeres lograda en un gobierno panista, el de Felipe Calderón, a quien el mandatario llamaba "espurio" por —según él— haberle robado la presidencia en 2006 mediante un fraude electoral.

"Hubo muchas irregularidades. De cada tres estancias infantiles hay dos irregulares, [por ejemplo] con falta de permisos para funcionar; tenemos un millón 500 mil casos de pruebas documentadas. En su momento les vamos a presentar y se le va a entregar a la Fiscalía General. Se destinaban recursos para la gente y no les llegaba el dinero", expuso el presidente en su conferencia matutina.

El programa de estancias estaba dirigido a madres trabajadoras o con intención de insertarse al mercado laboral, o padres solos que recibían el servicio de guardería subsidiado por el gobierno federal. Era la opción para quienes no tenían un empleo formal con derecho a las guarderías del IMSS, del ISSSTE o de los Centros de Desarrollo Infantil de la SEP. Para quienes no podían pagar un servicio privado.

En la ejecución del Sistema Nacional de Guarderías y Estancias Infantiles participaban distintas dependencias de acuerdo con sus facultades: capacitación escolar y laboral para las educadoras, a cargo de la SEP y la Secretaría del Trabajo; supervisión de los inmuebles y cumplimiento de reglamentos, por el DIF y la Secretaría de Salud, y la coordinación general era de la Sedesol.

El programa entregaba 900 pesos como subsidio público por cada niño a las estancias que debían pasar las verificaciones de las dependencias, asistir a las capacitaciones sobre cuidados, condiciones de higiene e infraestructura. Las madres o padres aportaban una cuota dependiendo de su nivel socioeconómico. Por eso en Ahuacatlán las usuarias sólo pagaban 50 pesos semanales.

También era una fuente de empleo para las mujeres en sus propias casas o en sitios cercanos. Chuy, licenciada en Educación Preescolar, por ejemplo, tenía 28 años cuando se enteró del programa y pensó que era la manera perfecta para autoemplearse y, además, cuidar a su propio hijo.

Consiguió que el presidente municipal le prestara un inmueble al lado del preescolar del pueblo, y la Sedesol le entregó 35 mil pesos para adecuar el espacio y comprar muebles y materiales para empezar.

El 28 de abril de 2008 inició operaciones con tres aulas, para lactantes, maternales y preescolares. A partir de entonces, año con año firmó un convenio de colaboración con la dependencia para poder operar. Incluía la obligación de tomar las capacitaciones de la Sedesol y del DIF sobre estimulación para la primera infancia, educación o el tipo de alimentación para cada grupo de edad. Además de cursos de primeros auxilios por parte de la Cruz Roja.

La Sedesol también pagaba la póliza del Seguro de Responsabilidad Civil y Daños a Terceros, y los gastos relacionados con la elaboración de un Programa Interno de Protección Civil. Recibían supervisiones del DIF y Protección Civil sin previo aviso y, en caso de incumplir con alguna obligación de operación, podían ser suspendidas. Todos, requisitos derivados de la tragedia en la guardería privada "ABC" de Hermosillo, Sonora, donde un incendio provocó la muerte de 49 niños.

Chuy operó la única estancia en Ahuacatlán durante 12 años.

"No sólo era llevar a los niños a una guardería, sino que las mamás sabían que les enseñábamos hábitos, hacíamos ejercicios de estimulación, para control de esfínteres, para caminar, de aprendizaje. Sabían que no se tenían que preocupar porque sus hijos estaban bien cuidados y ellas podían trabajar", narra.

Chuy tiene razón. De acuerdo con pedagogos, la educación inicial es determinante. Está orientada a "la formación de personas capaces de dominar su propia conducta, generada por la psicomotricidad. De dirigirse a sus pares (inteligencia emocional); de resolver problemas (asimilación); de generar nuevas soluciones a partir de lo que conocen (creatividad), o de adaptarse al medio sin importar el contexto en el que se encuentren (empatía). Además de que la convivencia con otros niños de su edad genera muchos más aprendizajes", advierten Jacobo Brofman, María Isabel Muñoz y Mónica Camargo en su artículo "La importancia de las estancias infantiles: una reflexión desde la teoría del desarrollo humano".

En 12 años de operación del programa, sumaron 9 mil 126 estancias en todo el país. Y el nuevo gobierno decidió hacer una revisión de ellas.

El 3 de abril de 2019, la subsecretaria de Bienestar, antes Sedesol, Ariadna Montiel, dijo que "no habían localizado" a 97 mil niños porque los domicilios de las estancias eran inexistentes o las personas no habían sido localizadas en el domicilio registrado en el padrón.

Por eso, a partir de 2019 las reglas de operación cambiaron, y también el nombre: ahora se llamaría Programa de Apoyo para el Bienestar de Niños, Niñas, Hijos de Madres Trabajadoras. En lugar de subsidiar a las estancias, el gobierno entregaría mil 600 pesos bimestrales directamente a las madres. Según el presidente, así evitarían la "corrupción", a los intermediarios, y no cambiarían en nada los cuidados. Las madres decidirían si ocupaban el dinero para pagar a las estancias o a las abuelitas.

Pero esta decisión sí lo cambió todo.

Primero, en el presupuesto. Hasta 2018, el programa de estancias recibía 4 mil millones de pesos anuales, pero en 2022, el programa de entrega directa sólo tuvo 2 mil 700 millones de pesos.

Eso explica por qué Jazmín, por ejemplo, nunca recibió los recursos, pese a ser "censada" por los llamados "servidores de la nación", promotores del voto de Morena que recorrían las calles para inscribir a personas en alguno de los programas sociales.

Hubo estancias que sobrevivieron, como la de Margarita Luna en Zacatlán de las Manzanas, Puebla. Pero sólo pudo hacerlo convirtiendo "Angelitos Felices" en una estancia privada.

En 2013, cuando inició operaciones, atendía a los hijos de vendedoras de tiendas de ropa, telas o zapatos en el pueblo, cuyos salarios rondaban los 700 y mil 100 pesos semanales. Sólo gastaban 150 pesos a la semana de cuota por el servicio de la estancia, el subsidio mayor era del gobierno.

Ahora sus usuarios son matrimonios de profesionistas y el servicio sólo es para quienes lo pueden pagar. Las más pobres, las mujeres jefas de familia, fueron abandonadas nuevamente por el Estado.

En los primeros meses del cambio en el programa, sólo 12 de 60 madres de la estancia recibieron el dinero de "la ayuda". Al resto no les llegó o dejaron de llevar a sus hijos a la estancia. Por eso es que Margarita no podía sostener la estancia sólo con 12 niños. Debía pagar la renta del inmueble y el salario de las seis educadoras.

Tenía dos opciones: cerrar o convertir la estancia y cobrar el costo total del servicio a las usuarias. Decidió esto último. A partir de entonces cobra mil 500 pesos mensuales por cada niño, prácticamente lo mismo que los años previos. La diferencia es que antes, la mayor parte estaba subsidiada por el gobierno.

A las madres que ganan 4 mil pesos mensuales, y que pagan renta, comida y transporte, les es imposible hacer ese gasto. "Muchas han venido a pedirme que les cobre la mitad, o que me traen fruta como pago porque no les alcanza. Es desgarrador, pero aunque quisiéramos apoyarlas, no puedo", narra Margarita. "Antes a algunas ni siquiera les cobraba la cuota porque con los 900 pesos del gobierno ya salía y lo íbamos completando con las cuotas de las otras mamás, pero ahora tengo que sacar para todos los gastos de renta, servicios, sueldos. Me parte el alma, pero no puedo".

No existe información respecto a cuántas estancias continuaron después de 2019 básicamente porque el gobierno federal dejó de hacerse cargo de ellas. El servicio público fue privatizado, y eso es lo que más lamenta Margarita. También está decepcionada porque el gobierno las haya llamado "delincuentes". Si había corrupción, se hubiera castigado, corregido, pero no eliminado el trabajo de cientos de mujeres y el apoyo para miles más sólo de un plumazo, insiste.

***

Para esta investigación, hice una serie de solicitudes de información para hallar las razones que determinaron el desmantelamiento de una acción afirmativa a favor de las mujeres, como llaman las feministas al programa de estancias.

Primero: para toda política pública o programa, debe existir una evaluación del problema y un diseño de la estrategia. En este caso, la Secretaría de Bienestar debió haber evaluado los cambios que haría en el programa y la razón para determinar, por ejemplo, la cantidad a entregar, la periodicidad y, sobre todo, los objetivos que alcanzaría, más allá del número de empadronadas.

Es decir: ¿qué posibilidades había de que las estancias siguieran funcionando y bajo qué parámetros? ¿Cómo realizarían las supervisiones? ¿A qué derechos estarían accediendo los niños y sus madres? ¿Qué tipo de educación estarían recibiendo en la primera infancia? ¿Cuáles serían los efectos de que las madres pusieran a sus hijos al cuidado de las familias? O ¿qué pasaría con aquellas mujeres sin redes de apoyo y sin estancias costeables?

Eso debía estar en minutas o documentos que dieran cuenta de los trabajos para el diseño, creación, planificación o evaluación del programa y los cambios en las reglas de operación. La Secretaría de Bienestar respondió que no estaba obligada a tener ningún registro de ello y, por lo tanto, no tenía información al respecto en sus archivos.

También, pedí copia del diagnóstico en el que encontraron las supuestas irregularidades, y que, a tres años de distancia, el gobierno seguía sin mostrar públicamente.

El presidente informó que la evaluación había sido hecha por el DIF nacional, dirigido entonces por María del Rocío García, quien había sido coordinadora territorial en la delegación Gustavo A. Madero cuando López Obrador era jefe de Gobierno del Distrito Federal. Desde entonces había mantenido una amistad cercana con él y su esposa Beatriz Gutiérrez Müller.

Por esa supuesta relación, María del Rocío García les exigía a los mandos medios y altos del DIF entregarle hasta 4% de sus salarios mensuales a condición de mantener el empleo, de acuerdo con una investigación que publiqué en 2021 en *Animal Político*. Aunque los afectados la denunciaron ante la Secretaría de la Función Pública, fue exonerada "por falta de elementos", pues los denunciantes no proporcionaron pruebas suficientes, según informó la dependencia en enero de 2022.

Los resultados del estudio "Inconsistencias del programa. Evaluación DIF Nacional" fueron informados por la entonces subsecretaria de Bienestar, Ariadna Montiel. Aseguró que 40% de las estancias infantiles existentes hasta 2018 estaba en "rojo" y representaba un "riesgo para las niñas y niños"; 26% estaba en "amarillo" por estar en "situaciones que pueden representar riesgo para las niñas y los niños y requieren ser atendidas a corto plazo"; mientras que 4% estaba sin actividad, y sólo 30% no presentaba situaciones de riesgo.

Fuentes del DIF afirman que el supuesto estudio de las estancias no fue tal, porque no hubo metodología. Se trató sólo de revisiones superficiales, y nadie del equipo técnico supo cómo clasificaron las supuestas irregularidades. Lo confirmé con la información obtenida por los mecanismos de transparencia.

El DIF entregó un archivo de Excel donde están enlistadas las observaciones de "irregularidades" encontradas en las revisiones. Sin embargo, al analizar los datos, sólo se contemplan 5 mil 500 estancias, a pesar de que hasta 2018 9 mil 126 estaban registradas en el padrón oficial. Es decir, sólo "revisaron" 60% del total.

Las irregularidades fueron clasificadas por su "gravedad" y cada estancia tiene más de un incumplimiento. De ahí que suman 17 mil irregularidades en "rojo" y 11 mil en "amarillo". También enlistan las respectivas recomendaciones para corregirlas.

Pero los señalamientos nada tienen que ver con la corrupción. Los motivos para eliminar esta política pública, de hecho, rayan en lo absurdo.

La estancia "Los Peques", ubicada en Aguascalientes, fue clasificada en "rojo". ¿Su falta? Que el personal usara uñas con esmalte. Las recomendaciones fueron "usar uñas cortas", "no usar accesorios", "realizar filtros a todos los niños en presencia del beneficiario" y "usar cubrebocas al servir alimentos". La estancia "Los Patitos" tuvo como recomendación "publicar el menú alimenticio semanal".

En "Little Kids", en Mexicali, también ubicada con irregularidades de "gravedad", la recomendación fue "contar con bote de basura con tapa" y "contar con planeación de actividades de desarrollo completas sin tachones y con objetivos completos".

En amarillo estaban estancias como "Libemol", en el Estado de México, cuyas recomendaciones eran "poner bordes o cintas antiderrapantes en el baño" y "contar con un espacio suficiente, delimitado, higiénico y ordenado" para la revisión de los niños al entrar. "Los Súper Amigos", en Veracruz, tuvo la recomendación de "garantizar que los niños utilicen su propio cepillo dental, e identificarlos con el nombre del niño o la niña".

Mientras que mil 673 estancias "sin actividad" fueron señaladas así por razones como vacaciones y falta de ingreso para pagar trámites de operación. En Ocozocoautla, Chiapas, hubo "un brote de dengue hemorrágico, por lo que las autoridades sanitarias fumigaron y la estancia infantil 'Mis Pequeños Angelitos' suspendió labores para realizar la limpieza del área y juguetes". Sólo 45 estancias aparecieron como "canceladas".

Si bien dichas estancias podrían ser "precarias" en comparación con otros servicios, "funcionaban como una acción afirmativa" en las políticas públicas con perspectiva de género, sostiene Elsa Conde, integrante de la organización Mujer, Ideas, Desarrollo e Investigación (MIDI).

El gobierno de López Obrador no tomó en cuenta el monitoreo del programa en 2017-2018 que hizo el Consejo Nacional de Evaluación de la Política de Desarrollo Social (Coneval), el organismo dedicado exclusivamente a revisar metodológicamente todas las acciones de cada gobierno sobre política social. De los beneficiarios, 96.5% consideró que la atención y cuidado de sus hijos tuvo un impacto positivo en el desarrollo del lenguaje; en 96% de los casos se desarrollaron habilidades sociales, y 97.5% observó una mejora en el desarrollo motriz de los niños.

Tampoco tomó en cuenta que 93.9% de las personas beneficiarias consideró que el programa "contribuyó a mejorar su calidad de vida y la de sus hijos, ya que les brindó la posibilidad de contar con empleo, salud mental, salud física e ingresos monetarios".

Esto último, referente a la salud mental y física, no es un asunto menor. Hacer dobles o triples jornadas debido a las tareas de cuidado recargadas en las mujeres impacta en el desarrollo personal, como lo demuestra la Encuesta Nacional de Bienestar Autorreportado (Enbiare) del Inegi, realizada por primera vez en 2021.

Al analizar el "balance anímico", definido como los estados emocionales positivos que recuerda haber experimentado la persona durante el día anterior, en una escala de -10 a 10, los resultados tienen una mayor brecha de diferencia entre las personas de edad más productiva, de 30 a 44 años. Un promedio de 5.44 de los hombres reporta un estado emocional positivo, contra el promedio de 4.57 de las mujeres. Mientras 4.24 de los hombres respondió que se sienten "con energía o vitalidad", 3.73 de las mujeres se sintieron así. Y 5.15 de hombres dijo sentirse "de buen humor", contra un 4.87 de mujeres.

Los resultados reflejan lo ocurrido durante la pandemia del covid-19 iniciada en nuestro país en marzo de 2020, cuyos impactos emocionales, como lo explicó Daniela Rea al inicio de este libro, fueron mayores para las mujeres al convertir la casa en el espacio de trabajo, cuidado y labores domésticas, con jornadas interminables.

Antes de la pandemia, en 2020, el Coneval hizo la evaluación del primer año de operación del Programa de Apoyo para el Bienestar de las Niñas y Niños, Hijos de Madres Trabajadoras, que sustituyó a las estancias. En ella señaló que "no contaba con algún plan, protocolo o procedimiento para supervisar o dar seguimiento al cuidado infantil y que permitiría que las madres, padres o tutores dispongan del tiempo o interés para buscar trabajo, continuar trabajando o estudiar".

Además, el programa no tiene como objetivo ofrecer una buena calidad del servicio de cuidado. Pero, según el Coneval, al menos el gobierno debería considerarlo como la oportunidad "para avanzar en establecer acciones que brinden una atención más integral a los hijos de madres trabajadoras".

Quizá la clave sería ver la política social y la perspectiva de género como una posibilidad para que todas accedamos a derechos, como lo son los cuidados, y no ver a las personas como "beneficiarios" de pagos individuales. Como explica Roberta Liliana Flores en su análisis "El cuidado infantil desde una perspectiva de derechos": "Ante problemas sistémicos, se deben plantear respuestas sistémicas, no soluciones individuales".

Por eso, el impacto general de estas políticas públicas para la infancia "es de suma importancia y resalta la necesidad de que el cuidado y el bienestar infantil y de la niñez sean asuntos de Estado", sostiene Ileana Seda Santana, en su investigación "Perspectiva y retos en el cuidado y bienestar infantil", publicado por la UNAM.

Ése era el camino que plantearon diputadas de distintos partidos en la legislatura que inició en 2018, como Martha Tagle de Movimiento Ciudadano, Dulce María Sauri del PRI, y Lorena Villavicencio, Aleida Alavez y Wendy Briceño, de Morena. Lograron los votos suficientes para aprobar la creación del Sistema Nacional de Cuidados el 18 de noviembre de 2019. Sería una de las políticas públicas del legado del gobierno "más feminista".

Sin embargo, sólo significó la reforma a los artículos 4.º y 73 de la Constitución para que el Estado garantice la corresponsabilidad entre mujeres y hombres en las actividades de cuidado, pero no le aprobaron presupuesto para operarlo. Hasta 2022, seguían sin ponerlo en práctica. Quedó sólo en el papel.

El Sistema daría prioridad a quienes requieran cuidados por enfermedad, discapacidad, niñas, niños, adolescentes y personas mayores, a quienes vivan en condiciones de extrema pobreza y a las personas que realicen actividades de cuidados sin remuneración alguna. Pero faltan los "cómo", porque tampoco tiene una ley reglamentaria.

Un Sistema Nacional de Cuidados tendría que articular políticas y programas. Las estancias, por ejemplo, estaban en ese proceso. Lo mismo que el programa de Escuelas de Tiempo Completo de la SEP, que ofrecía servicios de comida o actividades extracurriculares para los alumnos de educación básica en un horario extendido. Las madres trabajadoras eran parte de las beneficiadas, pero después de 12 años de operación, también desapareció en 2021.

Wendy Briceño, expresidenta de la Comisión de Igualdad de Género en la Cámara de Diputados, explica que con la modificación constitucional para crear el Sistema Nacional de Cuidados quisieron avanzar en lo que les parecía más complejo, que era ponerlo en la ley. Con ello, dice, lograban un primer avance: "Visibilizar el derecho al cuidado y la obligación del Estado a generar la política pública".

"No se trata sólo de un tema exclusivamente presupuestario, porque nunca habrá suficiente recurso para todo lo que queremos hacer. Es un tema de mentalidad. Es entender que eso que hemos denominado como 'privado' no lo es tanto. Que no es una tarea exclusiva de las mujeres", asegura.

Presupuestos para corregir el desequilibrio

Mariana Hinojosa ahora trabaja desde casa. Pinta cajitas de aluminio que parecen pequeños nichos con fotografías de Frida Kahlo, de la Virgen de Guadalupe o de charros, los personajes que tanto gustan a los turistas. Son exportados a Estados Unidos y Canadá, donde se venden en 195 pesos cada uno, aunque a ella le paguen ocho pesos por pintar cada pieza.

Tarda aproximadamente media hora pintando cada una. Le dedica unas siete horas al día, repartidas entre la madrugada o los ratitos, entre preparar la comida, hacer limpieza o ayudar a sus hijos a las tareas. Gana unos 56 pesos al día. Es poca paga, pero le permite estar en casa cuidando de sus hijos.

Cuando le pregunto a Mariana cuál sería su situación ideal entre el trabajo y su familia, lo primero que responde es tener un trabajo más estable, mejor remunerado. "Quisiera que mis hijos se sintieran orgullosos de mí, que dijeran: 'Mi mamá pudo lograr esto a pesar de que me tuvo a los 16 años y ahorita puede hacer esto. Sabe hacer lo otro'. Yo creo que eso me llenaría más. Yo quiero ser más, busco más".

También quisiera poner una tienda de abarrotes. De hecho, su plan era ahorrar los 3 mil 600 pesos mensuales de la beca del programa Jóvenes Construyendo el Futuro para hacer un pequeño capital y comenzarlo. Luego creyó que Tandas para el Bienestar sería la vía. Era el programa del gobierno federal que "prestaba" 10 mil pesos a trabajadores informales durante la pandemia para iniciar un negocio o ayudara de algo si ya lo tenían. El gobierno tenía un presupuesto de mil 500 millones de pesos para ello, pero Mariana no fue parte de los 191 mil beneficiarios seleccionados por los servidores de la nación.

El "ideal" de Mariana tendría que ser una posibilidad real para ella y miles de mujeres en México, y el movimiento feminista ha puesto en el centro la búsqueda de derechos para las mujeres en un sistema patriarcal que nos mantiene en condiciones desiguales.

Primero vino el movimiento sufragista que reconoció el derecho al voto de las mujeres a mediados del siglo XIX, que no sólo logró el ejercicio de un derecho político, sino que cuestionó el orden social, político y económico. Luego nos reconocimos como "sujeto" cuando Simone de Beauvoir escribió en *El segundo sexo*: "La mujer no es definida ni por sus hormonas ni por sus misteriosos instintos, sino por el modo en que, a través de conciencias extrañas, recupera su cuerpo y sus relaciones con el mundo".

En el camino de esa recuperación al que se refería Beauvoir, ocurrió, por ejemplo, la Cuarta Conferencia Mundial sobre la Mujer en Pekín en 1995, en la que se adoptaron distintos conceptos que reconocían las desigualdades por género y los países se comprometieron combatirlas a través de políticas públicas con perspectiva de género.

Entre las medidas estuvieron redirigir la asignación del gasto público "con miras a aumentar las oportunidades económicas para la mujer y promover el acceso igualitario de la mujer a los recursos productivos".

—¿Por qué es tan importante asignar los recursos públicos con perspectiva de género?

—Porque el presupuesto público es el instrumento básico que refleja las prioridades de la política económica, y los presupuestos públicos de género son, en esencia, una vertiente de los derechos humanos, de los derechos que tenemos las mujeres —responde Patricia Rodríguez López, profesora del Instituto de Investigaciones Económicas de la UNAM.

La doctora Rodríguez, quien ha concentrado sus investigaciones en Economía y Género, explica que no existen —o no deberían existir— los presupuestos "neutros". Concepto que se refiere a atender problemas tan amplios como la pobreza, la desigualdad o la salud. A la hora de asignar el presupuesto "tienen que verse claramente las grandes diferencias que hay entre hombres y mujeres. Somos nosotras las más pobres, las que tenemos peores condiciones en el trabajo. No hacerlo significa invisibilizar a las mujeres nuevamente".

En un sistema jerárquico como el nuestro, ni siquiera los problemas amplios como la pobreza, por ejemplo, son uniformes. En este caso, las mujeres no sólo son pobres por ingreso o por los servicios a los que tienen acceso, "son pobres también en relación con sus parientes, padres, hijos, hermanos, cónyuges, compañeros". Por eso, aun entre diferentes estratos sociales, "son pobres hasta las ricas y son doblemente pobres las pobres", escribió Marcela Lagarde en su análisis "Antropología, género y feminismo".

Las mujeres reciben menos retribución por cualquier tipo de trabajo "y no acrecientan poderes políticos al *ser-en-el-mundo*; en cambio los hombres acrecientan sus poderes políticos al efectuar casi cualquier actividad", dice Lagarde en el libro *Feminismo en México. Revisión histórico-crítica del siglo que termina*.

Las mujeres, por ejemplo, optan por los trabajos en la informalidad, justamente porque recaen en ellas los trabajos de cuidado. Esto significa menos derechos laborales como la seguridad social, las pensiones o acceso a la vivienda. En materia de salud, la mayoría de las políticas están enfocadas a la salud reproductiva, pero no al climaterio. En la vejez, por las dinámicas de empleo, apenas 20% de las mujeres son dueñas de una propiedad, a diferencia de los hombres que pudieron construir un patrimonio por la dinámica del empleo.

Evidentemente las necesidades son distintas y las soluciones también deberían serlo.

Por eso el feminismo también estuvo enfocado en conseguir que las decisiones de gobierno y la asignación de presupuestos tuvieran una perspectiva de género. Que reconocieran la desigualdad estructural entre mujeres y hombres, originada en la división sexual del trabajo, las asimetrías económicas, sociales, políticas y en las relaciones de poder.

En México, apenas en 2006, 11 años después de Pekín, el Presupuesto de Egresos de la Federación (PEF) tuvo por primera vez un apartado llamado "Anexo 19G. Erogaciones de programas que incorporan la perspectiva de género".

Esto significó que dependencias como la Secretaría de Gobernación, de Educación, de Agricultura, de Economía, la Procuraduría General de la República y la Secretaría de Salud, entre otras, tuvieran presupuesto para aplicar los programas específicos para mujeres.

Luego vino la aprobación de la Ley General para la Igualdad entre Hombres y Mujeres, en 2006, con la que el Estado se comprometía a "regular y garantizar la igualdad de oportunidades y de trato entre mujeres y hombres, proponer los lineamientos y mecanismos institucionales que orienten a la nación hacia el cumplimiento de la igualdad sustantiva en los ámbitos público y privado".

Y en 2007 entró en vigor la Ley General de Acceso de las Mujeres a una Vida Libre de Violencia, para "establecer la coordinación entre la Federación, las entidades federativas, la Ciudad de México y los municipios para prevenir, sancionar y erradicar la violencia contra las mujeres".

Para la aplicación de ambas necesitaban los recursos para crear las instituciones e instrumentar las políticas públicas. Sin embargo, a juzgar por los números, no fue una prioridad en los últimos 14 años.

Al analizar la evolución del Anexo para la igualdad, en 2008 durante el sexenio de Felipe Calderón, apenas representaba 0.27% del presupuesto total a nivel federal. Aumentó apenas por décimas en los siguientes años hasta llegar a 0.91% en 2018 al finalizar la administración de Enrique Peña Nieto.

A través de este Anexo, el gobierno federal aseguraría que una proporción de dinero en distintas dependencias se destinara a políticas ligadas a las necesidades de las mujeres: la salud sexual y reproductiva, mortalidad materna, inclusión y equidad educativa, estancias infantiles para apoyar a madres trabajadoras, prevención de la violencia, inclusión social, seguros de vida para jefas de familia, entre otros.

Pero en realidad, el avance ha sido lento y a voluntad de pocos, explica la exdirectora del Inmujeres en la Ciudad de México, Teresa Incháustegui Romero en su análisis "Incluir al género", publicado por la UNAM. "El aparato público mexicano es altamente dependiente de la voluntad y preferencias de los gobernantes en turno; de las resistencias culturales entre el alto y medio funcionariado, y la orientación neoliberal de la reforma al Estado que desde 1982 limita los recursos y las responsabilidades sociales que asume el Estado".

Por ejemplo, desde el último año de gobierno de Peña Nieto se había observado la *trampa* de "inflar" el presupuesto del Anexo 13 con el programa social de Pensión para Adultos Mayores. Bajo el mismo argumento de la paridad, pasó de 0.56% del presupuesto total en 2017 a 0.91% en 2018.

Pero en el sexenio siguiente, con Andrés Manuel López Obrador, esa argucia fue aún más descarada. En 2022, el Anexo 13 tuvo un presupuesto de 230 mil millones de pesos, lo que representa 3.3% del presupuesto total para ese año. Efectivamente, un aumento nunca antes visto. Es el "gobierno más feminista", decían las diputadas de Morena durante la discusión del presupuesto.

La salvedad es que 90% del dinero era la proporción presupuestaria de los programas sociales prioritarios repartido entre las dependencias. En cambio, los programas exclusivamente dirigidos a mujeres tuvieron recortes.

Así, por ejemplo, el presupuesto de género etiquetado en la Secretaría del Trabajo estaría destinado al programa Jóvenes Construyendo el Futuro, en el que estuvo inscrita Mariana, pero el cual no representó una opción para mujeres como ella. Y además, era una estrategia que tampoco había cumplido los objetivos para el resto de beneficiarios.

En un análisis al padrón que hicimos en *Animal Político* con la organización Data Cívica, detectamos que el gobierno usó a los becarios de este programa para subsanar los despidos de burócratas que hizo al inicio del sexenio con el argumento de austeridad, pues 28% de los becarios estuvieron haciendo labores de gobierno y con un pago precarizado. Sólo recibían 3 mil 600 pesos de beca, nada cercano al sueldo de un burócrata.

Además, de un millón 120 mil jóvenes participantes en el programa, sólo 9 mil 232 fueron contratados en el lugar de la capacitación (0.8%). De 99% restante no se sabe qué ha pasado después de la beca. La Secretaría del Trabajo también desconoce qué conocimientos o habilidades aprendieron los jóvenes durante un año de beca o si esto les ayudó a conseguir empleo en otro sitio.

Del universo total de becarios, sólo 46% concluyó el año de beca sin que la dependencia hubiera detectado las razones de la deserción. Es decir, no se dio cuenta de que jóvenes como Mariana necesitarían otro tipo de opciones de empleo, y que no estudia ni trabaja no por falta de interés, sino de tiempo por las tareas de cuidados.

Aun con estos resultados, el gobierno de López Obrador, destinó más de 21 mil millones de pesos a todo el programa para 2022.

En el Anexo 13, la Secretaría de Bienestar tuvo la mayor asignación, con 139 mil millones de pesos, pero 91% de ésta será para el programa de Pensión para Adultos Mayores, con el argumento de que hay más beneficiarias mujeres que hombres.

"Confunden el *mujerismo* con el presupuesto con perspectiva de género. El presupuesto distribuido así no tiene perspectiva de género, porque no busca disminuir la brecha de desigualdad. Ese presupuesto es absolutamente clientelar. Sólo nos ven como posibles votantes y hacia allá va dirigido el presupuesto", sostiene Martha Tagle, exdiputada y feminista.

Además, pese a que diversas mediciones del Coneval y revisiones de la Auditoría Superior de la Federación (ASF) han evidenciado una planeación deficiente e irregularidades en los programas de entrega directa, el presidente López Obrador ha logrado que la mayoría de Morena en la Cámara de Diputados aumente el presupuesto a los 18 programas sociales "prioritarios" cada año.

Sólo en 2022 dichos programas tuvieron 468 mil 305 millones de pesos de presupuesto, 35% más que el año previo. Ese monto apenas es comparable con lo que el gobierno federal ha destinado al Anexo para la igualdad de mujeres y hombres en 13 años.

Esto, como dice Patricia Rodríguez, es una clara evidencia de dónde están las prioridades de los gobiernos: en un solo año destinaron a programas sociales casi lo mismo que tres presidentes han dedicado a cerrar las brechas de género. O han "ayudado" a Pemex con 19 mil millones de dólares de recursos públicos, pese a ser una empresa con 4 mil millones de dólares de pérdidas.

En cambio, "las mujeres generamos 22% del PIB, mira cuánto nos regresan vía los presupuestos", dice la investigadora.

Ante la emergencia... recortes

Si bien ninguno de los últimos tres sexenios ha destinado más de 3 % a las políticas de género, en el gobierno de López Obrador estamos viviendo un retroceso, afirma Patricia Rodríguez. En el Anexo 13 no sólo se están incluyendo los programas sociales, sino que están disminuyendo los recursos para atender los problemas que afectan directamente a las mujeres. En 2018 había 129 programas dirigidos exclusivamente a las mujeres, para 2021 quedaban 39.

"Eso implica una grave afectación, una violación a los derechos humanos y una violación al princípio de no regresividad", afirma la alianza de organizaciones feministas denominada Aliada, integrada por las organizaciones Cejil, Colectiva Ciudad y Género, Equality Now, MIDI y Raíces.

Aliada ha analizado la Cuenta Pública, el informe que hace la Secretaría de Hacienda sobre el gasto, y encontró que el presupuesto aprobado para el Anexo 13 es recortado durante el transcurso del año, por lo que termina aplicándose todavía menos.

En 2020, la Cámara de Diputados aprobó 59 mil millones de pesos para los 39 programas del Anexo 13, pero al revisar el gasto al finalizar ese año, la Secretaría de Hacienda le recortó 4 mil 152 millones de pesos.

Las entidades no sectorizadas como el Instituto Nacional de las Mujeres (Inmujeres), el Instituto Nacional de los Pueblos Indígenas y la Comisión Nacional de Atención a Víctimas tuvieron una reducción de 57% en el rubro dirigido a políticas de género.

El Inmujeres, que tiene como su razón de ser la rectoría de la política pública de género, sufrió un recorte de 35% en 2020. Es decir, 265 millones de pesos menos.

Además, en plena celebración de Año Nuevo, el 31 de diciembre de 2021, el gobierno federal publicó el decreto de desaparición del Instituto Nacional de Desarrollo Social (Indesol), el último golpe a las organizaciones sociales. En 2019, el gobierno de López Obrador les canceló el financiamiento público por el supuesto de "corrupción". De lo que nunca mostró evidencia.

El Indesol era el organismo encargado de la vinculación con organizaciones no gubernamentales, de evaluarlas a través del Registro Federal de las Organizaciones de la Sociedad Civil (RFOSC). Además de operar el Programa de Apoyo a las Instancias de las Mujeres en las Entidades Federativas para Implementar y Ejecutar Programas de Prevención de la Violencia contra las Mujeres (PAIMEF).

Con el decreto de desaparición y bajo el argumento de "austeridad", el Indesol, creado en 1992, se redujo a una "unidad administrativa" de la Secretaría de Bienestar, con el nombre de "Dirección General para el Bienestar y la Cohesión Social".

El PAIMEF y los refugios para atender a mujeres víctimas de violencia pasarían a la Comisión Nacional para Prevenir y Erradicar la Violencia contra las Mujeres (Conavim), pero hasta enero de 2022 no había manera de concretarlo, porque el presupuesto seguía en la bolsa de Bienestar.

Esto es "una política totalmente neoliberal", sentencia la economista de la UNAM, Patricia Rodríguez. "Es la reducción del gobierno, de las instituciones. Están haciendo al Estado lo más pequeñito posible. Se deja a la ciudadanía a la de 'a ver cómo le hace'".

Sin embargo, para la titular de la Conavim, Fabiola Alanís, que el PAIMEF y los refugios pasen a su cargo significa fortalecimiento. "Habrá de manera natural un incremento de recursos para hacerlo. Será una multiplicación de esfuerzos que va a beneficiar a ambos programas. Por supuesto que Conavim tiene toda la capacidad, la posibilidad de hacerse cargo de estos programas y más".

Pero no hubo tal incremento. El presupuesto para la Conavim en 2022 fue de 310 millones de pesos, mientras el año anterior había tenido 311 millones de pesos.

La activista feminista Elsa Conde sostiene que "los recortes han sido un proceso paulatino desde 2012 y con este último gobierno vemos el desmantelamiento de las instituciones y la desvinculación con la sociedad civil".

Los recortes al Anexo 13 tienen impacto, pero hay algunos rubros que resultan escandalosos y doblemente preocupantes. La Fiscalía General de la República opera el "Programa para investigar y perseguir los delitos cometidos en materia de derechos humanos". De él financia la Unidad de Género de la FGR y la Fiscalía Especial para los Delitos de Violencia contra las Mujeres y la Trata de Personas (Fevimtra). Ese programa tuvo un presupuesto de 126 millones de pesos en 2020, pero sólo le entregaron 33 millones de pesos. Esto es, tuvo 73% menos recursos para investigar y atender a las mujeres víctimas de delitos, en un país donde ocurren 10 feminicidios al día.

Parte de lo que explica que nueve de cada 10 feminicidios esté en la impunidad tiene razón en esos presupuestos, advierte Elsa Conde.

"Si la Fevimtra tiene 73% menos recursos, evidentemente no tendrá dinero para investigar, no hay recursos para las pruebas de ADN. No hay instalaciones propiamente adecuadas, como los ministerios públicos a donde es una odisea llegar. Y cuando lo hacen, lo encuentran en precariedad, con personal poco capacitado. No hay herramientas para atender el tema de la violencia porque no hay recursos", insiste Conde.

***

Margarita Luna, la dueña de la estancia que sobrevivió en Zacatlán de las Manzanas, dice que las mujeres siempre encontramos la forma de resolverlo todo, aun en medio de la adversidad. Y es cierto. Al escucharla, recuerdo a las madres de víctimas de feminicidios investigando por su cuenta y logrando condenas contra los responsables; a las ancianas vendiendo en las calles, a las madres trabajadoras partiéndose en mil para proveer y cuidar. Pero no tendríamos que hacerlo solas. El Estado debería estar ahí, no como "benefactor", sino cumpliendo con su responsabilidad.

Muchas veces pensé que si las estancias infantiles hubieran existido en 1982, cuando yo nací, el camino habría sido un poco menos complicado para mi madre. Por supuesto, logró salir adelante. Aun con sus 19 años, con estudios hasta la primaria y sin ningún apoyo familiar. Lo hizo en el empleo informal porque no había quién cuidara de mí. Desde que tengo recuerdo, estuve a su lado vendiendo en las calles lo que podíamos: dulces, comida, bisutería, ropa. Lo suyo, como el de miles de mujeres más, fue un esfuerzo absolutamente personal. Del Estado recibió mi educación en escuelas públicas, algo no menor, pero ella y otras necesitaban mucho más.

Cierto, las mujeres resolvemos siempre, pero el Estado tendría que hacer su parte. Aunque el presupuesto de género no es la única solución, sí importa que los gobiernos lo pongan como prioridad. Que cuando repartan el dinero público, tengan claro que las mujeres aportamos más y requerimos más. Necesitamos que el Estado nos regrese en servicios y políticas públicas la proporción que generamos a este sistema económico.

Ésa es también la igualdad que buscamos, la que merecemos.

Feminicidios: justicia ciega

VALERIA DURÁN

Margarita, está linda la mar,
y el viento lleva esencia sutil de azahar;
siento en el alma
una alondra cantar; tu acento.
Margarita, te voy a contar un cuento…

RUBÉN DARÍO

Faltaban 15 minutos para las 6 de la mañana cuando Fátima entró de prisa al cuarto donde sus padres, Lorena Gutiérrez y Jesús Quintana, dormían: "Mamá, ¿quién me va a acompañar hoy a la escuela?", preguntó mientras los presionaba para que salieran de la cama.

Lorena Gutiérrez, madre de Fátima, aún recuerda que su hija odiaba llegar tarde a la escuela. Ella no necesitaba ayuda para levantarse temprano, jamás sus padres fueron a despertarla. Era la primera en estar lista, siempre.

195

Esa madrugada del jueves 5 de febrero del año 2015, a su padre, Jesús Quintana, que era chofer de transporte público, no le tocó trabajar, su camión no circulaba, así que decidió acompañarla hasta la parada del camión.

A su madre aún le cuesta trabajo asimilar que ésa fue la última vez que vio con vida a su hija.

La joven de tez apiñonada, ojos grandes y redondos, y que a sus 12 años de edad casi alcanzaba los 1.70 metros de estatura, salió disparada de la recámara, tomó sus cosas y se dirigió a tomar el autobús que la llevaría a la secundaria. Fátima y su padre caminaron cuesta abajo por el camino que lleva a la carretera Naucalpan-Toluca. Ellos vivían en la comunidad Lupita de las Rajas, ubicada en el municipio de Lerma, en el Estado de México.

Llegaron a la parada del autobús, donde Zalma, una compañera de Fátima, y su madre también estaban esperando el transporte público.

Hasta ese momento todo seguía su curso normal: diariamente salían de la casa a las 6:15 de la mañana y para las 6:30 ya estaban en la parada del autobús. Cuando faltaban 10 minutos para las 7 de la mañana, Fátima ya estaba en la puerta de la secundaria.

El tiempo pasó rápidamente. A las 2 de la tarde, Lorena, su esposo y una de sus hijas mayores regresaron de hacer las compras para la hora de la comida.

"Quería ponerme a hacer rápido de comer porque Fátima era muy tragona e iba a llegar con hambre", recordó Lorena.

Todos los días alguien de la familia bajaba para recibir a Fátima en la parada del transporte público. Ese día su hermano Daniel iría a acompañarla, pero como aún faltaba media hora para que llegara, él esperó tranquilo en la sala.

Lorena pensó en preparar una sopa de fideo: sería algo rápido de hacer y estaría listo para cuando Fátima llegara. A la par, su hija mayor ya había dejado la lechuga lista para la ensalada. La sopa se cocinaba en la estufa. Lorena vació un pan molido y decidió también empanizar algo de carne. Jesús comenzó a pelar un pepino.

De pronto Lorena soltó la carne como por reflejo, sintió como si le oprimieran el pecho. Al recordarlo todavía mueve por instinto la mano hacia su corazón, como si esa sensación regresara con los recuerdos.

—¿Qué hora es? —preguntó angustiada.

Su esposo soltó el pepino y brincó de la silla corriendo en dirección a la recámara, vio el reloj y respondió sin poder creer lo que veía:

—Las 3:40.

—¡¿3:40?!

—Sí.

El tiempo se congeló en la cocina.

"Yo nunca voy a aceptar que haya pasado tanto tiempo en lo que hacía una sopa que nunca me toma más de 10 o 15 minutos y que mi esposo sólo haya pelado un pepino y medio y en ese instante haya pasado más de una hora. Nunca lo voy a aceptar."

Jesús salió corriendo de la casa; Daniel, un año menor que Fátima, salió tras él. Lorena corría atrás de ellos; apenas le alcanzó a avisar a su hija Ximena que iban a buscar a Fátima.

Lorena corrió tan rápido como pudo y de nuevo se le heló el cuerpo. Ese escalofrío hizo que se detuviera justo afuera de la casa de los hermanos Atayde Reyes.

Algunos piensan que las madres nunca pierden esa conexión corporal con sus hijos que queda impregnada en ambos cuerpos desde que el cordón umbilical los conecta. A lo mejor era esa sensación la que guiaba a Lorena, la que le gritaba que se detuviera.

La casa de los hermanos Atayde Reyes estaba en el centro de un terreno pequeñito, flanqueada por una reja de barrotes muy delgados, que más bien parecían pequeños palitos de acero. Era la última al bajar del pueblo y la primera que aparece cuando se viene entrando a la comunidad de Lupita de las Rajas.

Lo que divide esa casa de la carretera Naucalpan-Toluca es un llano de aproximadamente 150 metros, donde se alcanza a ver con claridad quién se acerca al pueblo.

"Me detuve y alcancé a ver a Misael sentado en el reposabrazos del sillón. Tenía la puerta abierta completamente y estaba volteando hacia la entrada. Le pregunté si había visto a Fátima y me contestó que no."

Misael, de entonces 17 años de edad, llevaba una sudadera y gorra en color blanco y miraba fijamente hacia el camino que da a la parada del camión. Daniel llegó con su madre y juntos fueron a la casa de Zalma, la compañera de Fátima. Ella vivía a no más de 50 metros de distancia de la casa de los hermanos Atayde Reyes.

Zalma les dijo que en cuanto bajaron del autobús, poco después de las 2 de la tarde, Fátima se había ido directo a casa. Ella no sabía que su amiga no había llegado con sus padres.

Misael estaba parado en el pedacito de patio que tenían en la entrada cuando Lorena, Daniel y Zalma regresaron.

—Misael, ¿estás seguro de que no viste pasar a Fátima?

—No.

La ventana del cuarto de arriba se abrió. Era Luis Ángel, el hermano de Misael, que se asomó para ver quién estaba en la entrada de su casa. Su cabello estaba mojado y no llevaba playera.

Lorena le preguntó si había visto a su hija, pero también respondió cortante que no. Zalma replicó:

—Claro que sí. Ustedes vieron a Fátima. Estaban los dos en el barandal de herrería con El Pelón cuando ella pasó.

La madre de Fátima le pidió a Zalma que fuera a buscar ayuda. Estaba segura de que alguien se había robado a Fátima. Lorena caminó hasta donde Zalma le había señalado que había visto por última vez a Fátima. Dio unos pasos más, bajando por el camino, hacia el bosque que rodea la comunidad. A dos o tres metros del punto que había señalado Zalma, en un matorral, encontró la sudadera de su hija.

La sudadera tenía las mangas al revés. Su madre imaginó a Fátima intentando zafarse de quien la perseguía. Lorena no tenía dudas de que fuera la sudadera de su hija, la prenda tenía el nombre de Fátima grabado al frente.

Eso no fue lo único que encontró entre los arbustos. Al lado de la sudadera había un cuchillo con mango de madera manchado de sangre y varias monedas tiradas. Lorena no tocó ninguna de las posibles evidencias.

—¡Encontré la sudadera de mi hija! Ayúdenme, por favor. Hay mucha sangre. Algo le pasó.

Para ese momento la policía ya había llegado al pueblo y Lorena apenas les alcanzó a contestar que había encontrado la sudadera de su hija detrás de la casa de Luis Ángel y Misael.

Lorena regresó por tercera vez a la casa de los hermanos Atayde Reyes y vio que alguien más estaba con ellos. Era José Juan Hernández Tecruceño, al que todos conocían como *El Pelón*, otro de los vecinos.

Ella estaba decidida a que le explicaran cómo la sudadera de su hija había llegado a su propiedad. Quería saber qué hacía al lado de un cuchillo ensangrentado. De pronto Misael salió de la casa con la mochila de Fátima en las manos. Lorena trató de atravesar la baranda, pero Misael la aventó. Él salió corriendo, mientras El Pelón brincó la cerca por la parte de atrás y también escapó.

Lorena los siguió. Ella conocía bien la montaña, pero los dos hombres fueron más rápidos y lograron esconderse antes de que los alcanzara.

"Cuando los perdí, comencé a gritarle a Fátima. Le pedía que hiciera ruido, que gritara, que se moviera, que hiciera algo. Me repetí que aunque fuera muerta la iba a encontrar."

Regresó a la casa de los hermanos, y a metros de distancia de su propiedad encontró la mochila de su hija, que habían arrojado los hombres mientras escapaban. No la tocó, sabía que era evidencia, así que la dejó ahí.

Luis Ángel aún estaba dentro de su casa, le gritaba a los vecinos que no se metieran, pero sus palabras no lograron contener a nadie. La familia de Fátima estaba enojada y quería respuestas.

Lorena y su yerno forzaron la entrada e ingresaron a la casa. Lo primero que vieron fue ropa de hombre llena de sangre y lodo. También había un bote lleno de agua color rojo, como si hubieran enjuagado carne dentro de él; y a su lado, un par de zapatos y una mochila llena de sangre.

—¡Ellos fueron! Ellos saben qué pasó. Algo le hicieron a la niña —gritaron los familiares de Fátima.

El cerebro de Lorena registró que su hija estaba en un lugar donde había lodo, porque la ropa de los sujetos estaba llena de tierra mojada. Sabía que tenía que buscar un lugar por donde corriera el agua, que estuviera húmedo. Y sabía dónde encontrar ese lugar.

Lorena corrió hacia la parte de la montaña por donde sabía que, al bajar el agua, se formaba una zanja. Todo dentro del agujero estaba de color negro, a simple vista no se alcanzaba a ver si Fátima estaba dentro.

El agujero tenía una profundidad aproximada de 1.20 metros, Lorena saltó sin pensarlo. Caminó hacía el paredón de tierra y a su lado derecho vio un coágulo de sangre. La tierra en esa parte estaba rasgada. Se podían ver las marcas de los dedos que recorrían la pared de tierra.

"Nunca voy a olvidar que alcancé a ver uno de los tenis de Fátima y de inmediato mi mente registró que también era su pie. Le habían cortado el pie. Entonces sabía que mi hija no estaba viva. ¿Quién sobrevive a que le arranquen un pie?"

Alcanzó a distinguir un pedacito del calcetín de su hija, color amarillo con lunares azules. Para ella ya no había dudas: Fátima estaba muerta.

No pudo más. Caminó en dirección a donde estaba el pie de su hija. Se sentó al lado de una llanta que estaba cerca de la zanja y a lo lejos escuchó los gritos de su hijo Daniel:

—¡Mamacita, sácala! ¡Sácala! Ahí está su manita, ahí está la cabecita de Fátima. Sácala, mamita, porque se está ahogando.

Pero Lorena no volteó.

Los familiares y vecinos de Fátima comenzaron a llegar de a poco, todos le preguntaban a Lorena si ya la había encontrado. Ella sólo les decía que sí y señalaba la zanja, acto seguido los llantos y gritos de las personas retumbaban entre el bosque.

Aquella tarde de jueves el pueblo de Lupita de las Rajas parecía una estación del infierno. Una campana sonaba desde la punta del cerro. Era la señal vecinal que indicaba "auxilio". La gente lloraba alrededor de la zanja, algunos más comenzaron un bloqueo en la carretera. Nadie entraría o saldría de ahí hasta que no agarraran a los tres hombres responsables del feminicidio.

Lorena no lloraba, se movía por inercia. Pedía ayuda en voz baja, con los ojos dirigidos hacia el vacío del bosque.

Una ambulancia de Naucalpan se aproximó a la zona. Los paramédicos preguntaron por la madre de Fátima. Después de que ella les dijera dónde estaba el cuerpo no tardaron en confirmarle que efectivamente era su hija.

—Lo sentimos mucho. Ya no podemos hacer nada. Está muerta.

La noche se había apoderado del bosque y el bloqueo en la carretera seguía. Las autoridades pidieron a Lorena que liberara los caminos. Era la única manera de que se pudiera acercar el equipo forense para retirar el cuerpo de su hija.

En el pueblo los vecinos habían comenzado su propia justicia. Un par de policías fueron con Lorena a pedirle que hablara con los pobladores. Debía convencerlos para que soltaran a los hermanos Atayde Reyes.

"Cuando llegamos al pueblo ya tenían a los hermanos rociados con gasolina y estaban muy golpeados. Su hermana los estaba abrazando. Le gritaba a la gente que los dejara de golpear. Que era su hermano. Yo le respondí: 'Y ella era mi hija. La niña a la que mataron era mi hija'."

La pesadilla de Lorena y su familia había comenzado esa tarde y crecía con la misma rapidez con la que la sangre de su hija se mezclaba con el lodo de la zanja. Las deficiencias de las autoridades para resguardar la escena del crimen también salieron a la superficie.

La Fiscalía del Estado de México plasmó en el expediente que a Fátima no se le practicaron pruebas genéticas porque no contaban con tiras reactivas. Tampoco realizaron pruebas de sangre entre el cuerpo de la víctima y los tres sospechosos, con la finalidad de comparar perfiles genéticos, porque según las palabras de las autoridades "se violentaba su presunción de inocencia".

Las autoridades del Estado de México sabían que la sangre encontrada en la ropa de Fátima pertenecía a un hombre, pero no había con qué compararla.

Ésas no fueron las únicas irregularidades que se detectaron en el proceso de investigación del feminicidio. El día del asesinato, los peritos le pidieron a Lorena una sábana para tapar el cuerpo de Fátima. Después, herramienta y un lazo para quitar las ramas y poder sacar a la niña de 12 años. Los peritos habían llegado a la escena del crimen sin herramientas para trabajar. Lorena aseguró que la casa de los hermanos nunca fue inspeccionada. Su propiedad estaba a menos de 150 metros de distancia de la zanja.

"El área donde estaban los coágulos de sangre jamás fue acordonada. Nosotros regresamos tiempo después a buscar un cuchillo, era una evidencia que faltaba, y encontramos las ligas para el cabello y un arete de mi hija. Lo encontré días después."

Ésa era una señal clara para Lorena de que nadie había revisado el área del feminicidio con detenimiento.

Lorena recuerda que durante varios días, ella —con ayuda de los vecinos— estuvo buscando otro de los cuchillos con los que asesinaron a Fátima. La autopsia que se realizó al cuerpo determinó que las heridas en él se habían realizado con diferentes armas y faltaba una de ellas. La policía no había regresado a peinar la zona. Los peritos fueron las mismas personas que lloraron el asesinato de la niña.

Lo que se registró en el caso de Fátima, las irregularidades en el proceso de investigación no son sino uno de los principales errores que abonan a la impunidad y permiten que la gran mayoría de los feminicidas terminen en libertad.

Ximena Ugarte, abogada del Instituto Mexicano de Derechos Humanos y Democracia, y quien además acompañó legalmente a los padres de Fátima durante el proceso judicial contra los tres feminicidas, asegura que la nula recabación de evidencia o la pérdida de éstas es una de las más grandes fallas en el proceso de investigación de un feminicidio.

"En materia de feminicidio la medicina forense sigue teniendo una gran deuda con las víctimas de feminicidio porque las investigaciones no se llevan a cabo con perspectiva de género.

"Los criminalistas no recogen los indicios adecuados en la escena del crimen, no llevan a cabo las diligencias necesarias, y luego tenemos casos como el de Fátima, donde hay pruebas técnicas muy específicas, como archivos ejecutables, y que generalmente las fiscalías no tienen peritos con este nivel de especialización y expertos que se necesita para hacer el análisis que, por ejemplo, se logró realizar con unos peritos independientes, privados."

Karla Micheel Salas Ramírez, abogada y directora de la Asociación Civil Grupo de Acción por los Derechos Humanos y la Justicia Social, sostiene que los cambios en el sistema penal deberían obligar a las autoridades a crear herramientas que les ayuden a tener elementos suficientes para poder juzgar y sentenciar los casos de feminicidio.

Una de esas herramientas es crear una bodega de evidencia. En su trabajo ha detectado que las autoridades permiten que la ropa que llevaba la víctima el día de su asesinato o sus pertenencias sean entregadas a sus familiares. Ni esos artículos de gran importancia para la investigación de un crimen ni las pruebas de ADN son preservadas por las autoridades.

Justamente esto fue lo que sucedió en el caso de Fátima.

"Si los servicios periciales no tienen bancos de ADN, tenemos un problema. Si en los servicios periciales no se tienen bancos en general de información genética para identificar agresiones sexuales o si una persona ha cometido otras agresiones sexuales. Tenemos un problema si no tenemos bodega de evidencia."

La clasificación de un feminicidio

Menos de 24 horas después del feminicidio de Fátima, sus padres recibieron el acta de defunción. La causa de muerte marcada fue traumatismo craneoencefálico severo y edema. Quien redactó el acta había clasificado el asesinato como homicidio.

Tuvieron que pasar cerca de cinco meses para que el crimen fuera reclasificado como feminicidio.

"La jueza nos dijo, en la vinculación a proceso, que no podía tipificar el caso de mi hija como feminicidio porque no estaba segura de que Fátima ya hubiera tenido su periodo. Por eso no lo podía tipificar. Ésa es una estupidez, cuando desde el primer momento ella sabía que era un feminicidio."

¿Es importante para el proceso de investigación de un feminicidio que Fátima haya comenzado a menstruar antes de ser asesinada? La respuesta es simple: NO.

El Código Penal Federal establece siete circunstancias clave que indican la tipificación de un feminicidio:

- Los signos de violencia sexual
- Las lesiones o mutilaciones
- Los antecedentes de violencia
- Que haya existido una relación entre la víctima y el victimario
- Las amenazas o agresiones previas al asesinato

- Que la víctima haya sido incomunicada
- Que el cuerpo haya sido expuesto o exhibido en un lugar público

Después de una larga batalla encabezada por activistas, abogados y principalmente familiares de víctimas de feminicidio, al cierre del año 2021, 31 de los 32 estados de la República Mexicana contemplan ya estos siete puntos dentro de sus códigos penales locales.

Además de éstos, se han añadido otros indicativos en los códigos penales que rigen a los estados del país, como lo son:

- Que el cuerpo de la víctima haya sido enterrado u ocultado
- Que se haya encontrado en un estado de indefensión, ya sea por la dificultad de comunicación para recibir auxilio, por razón de la distancia a un lugar habitado o porque exista algún impedimento físico o material para solicitar el auxilio
- Como resultado de violencia de género, pudiendo ser el feminicida una persona conocida o desconocida y sin ningún tipo de relación
- Misoginia
- Cuando de la escena del hecho se desprendan indicios de humillación o denigración de parte del feminicida hacia la víctima

- Que el feminicida haya obligado a la víctima a ejercer la prostitución o haya ejercido actos de trata de personas en agravio de la víctima
- Que el feminicida lo cometa por odio o aversión a las mujeres
- Que el feminicida lo cometa por celos extremos respecto a la víctima
- Discriminación

De acuerdo con la última actualización del Código Penal Estatal de Michoacán (24 de noviembre de 2021) es este estado el último que falta por incorporar las siete causales que diferencian un homicidio doloso de un feminicidio. Actualmente Michoacán sólo contempla cinco de los siete puntos.

En ninguno de los códigos penales estatales, ni en el federal, se contempla el factor de que la víctima femenina haya comenzado a menstruar para cambiar la investigación de un homicidio a un feminicidio. Lo que el cuerpo sin vida de Fátima experimentó fue una revictimización.

Por si eso no fuera suficiente, los familiares de Fátima no tuvieron tiempo de vivir el duelo. Mientras peleaban con las autoridades para retipificar el feminicidio de su hija, a la par se mantenían atentos a qué hacían las autoridades con los tres responsables del violento asesinato.

"Estábamos enfocados en que ellos estaban en el hospital, pero aun así se tenían que girar las órdenes de presentación de los dos adultos y del menor. Estuvieron 15 días hospitalizados y ahí es donde nos dicen que Misael podía quedar en libertad."

A Lorena le explicaron que, para la jueza que llevaba el caso, las pruebas contra el menor de edad no eran suficientes como para girar una orden de presentación. Misael había sido el sujeto que salió de su casa con la mochila de Fátima y se la mostró a su madre, él era dueño de parte de la ropa ensangrentada, pero, pese a eso, las autoridades aseguraban que no había evidencia suficiente para detenerlo. Misael Atayde Reyes, de 17 años de edad, salió libre del hospital 15 días después del asesinato.

"Ellos saben que asesinaron a mi hija. Solamente nos faltó verlos."

Los últimos minutos de Fátima

Lorena nunca tuvo fuerza para ver el cuerpo de su hija después de su asesinato. Tampoco quiso los detalles. Fue hasta una de las audiencias del proceso contra Luis Ángel y El Pelón que se enteró de todo lo que vivió Fátima antes de ser asesinada.

Lorena comienza a narrar de memoria la declaración del forense. Se la grabó con sólo escucharla una vez. En definitiva no era como memorizar o declamar un poema. Sin embargo, cada palabra dicha por el perito se clavó profundamente en su memoria.

Los hermanos Atayde Reyes interceptaron a Fátima a dos metros de su casa. Primero le hicieron una cortada en la cara, y una más en el cuello, ambas de 10 centímetros. Esas primeras heridas fueron superficiales.

En el trayecto al lugar donde fue asesinada le cortaron el cuerpo cerca de 90 veces. Esas heridas también fueron superficiales, eran piquetes de sometimiento. Le abrieron el pecho 30 centímetros y le cortaron las entrepiernas 10 centímetros. Le dislocaron los hombros, las muñecas y los tobillos. Le sacaron un ojo, le tiraron todos los dientes y fue violada vaginal y analmente.

Mientras Lorena narra los últimos minutos de vida de su hija, sus ojos se llenan de lágrimas que luchan por no desbordarse: el agua se tambalea en la orilla del lagrimal mientras sigue recordando las palabras del perito.

A Fátima le introdujeron por el ano un instrumento de bordes irregulares que la destrozó por dentro. Hasta ese momento, la niña de 12 años de edad aún no perdía la vida. Fátima trató de cubrirse la cara con las manos y detener el peso de las piedras que le arrojaron.

Una piedra de 36 kilos y dos más de 32 kilos cada una, por las cuales se declara la causa de muerte por traumatismo craneoencefálico severo y por exposición de masa encefálica.

Fátima fue arrastrada unos metros, hasta la zanja, y fue semienterrada.

"Fátima no fue una guerrera, ¡Fátima tuvo mucho miedo! Siempre quiso regresar conmigo, todo el tiempo estuvo pensando en nosotros. Fátima no fue una guerrera. ¡Ella quería vivir! Eso de ser guerrera es una estupidez."

De acuerdo con la narrativa forense, el cuerpo de Fátima presentó rastros de violencia sexual, rastros de mutilaciones, violencia extrema y además fue expuesto en un lugar público. El cuerpo de la niña de 12 años cumplía con al menos tres puntos claves que determinan legalmente la existencia de un feminicidio, y aun así las autoridades decidieron en un primer momento registrarlo como homicidio doloso.

Justicia lenta, agonía eterna

Seis meses después de que Misael había sido liberado, los padres de Fátima lograron que las autoridades reconsideraran su postura y giraron una orden de aprehensión en su contra.

Cuando esa orden de aprehensión parecía dar luz contra la impunidad en el feminicidio de su hija, Lorena y su esposo Jesús Quintana se toparon con otra negligencia por parte de las autoridades.

En una de las audiencias, la defensa de José Juan Hernández Tecruceño, *El Pelón*, presentó un video de las cámaras de vigilancia de la escuela Sierra Nevada, ubicada en el Estado de México, plantel donde el implicado trabajó en el área de intendencia.

212

En el video —el cual Lorena no pudo ver— aparecía Hernández Tecruceño entrando a las instalaciones de la escuela el día del asesinato. Ésa fue la prueba que la jueza tomó como definitiva para posteriormente dejarlo en libertad.

Lorena asegura que ese video no es real porque ella lo vio ese día corriendo hacia el bosque. Sabe que él estaba en la escena del crimen. Lo que el equipo legal de la familia de Fátima supo fue que ese video se presentó como prueba sin realizarse un peritaje adecuado de la cinta, sin comprobar que efectivamente fuera una filmación de ese día.

"Los abogados del tercer sujeto presentaron una copia del video al Ministerio Público. Lo presentaron así de fácil como yo se los estoy contando. No se hicieron peritajes de la cinta. No se investigó de dónde se sustrajo el video. El video jamás estuvo en custodia policial."

Legalmente esto es inadmisible, ya que para que una evidencia sea válida debe existir una correcta cadena de custodia.

Las "cadenas de custodia" son un registro que ampara qué personas estuvieron en contacto con la evidencia. Y en caso de que se trate de un video, debe ser la misma autoridad la que lo sustraiga de las cámaras de vigilancia; de lo contrario se cae en lo que legalmente se conoce como "la teoría del fruto del árbol envenenado". Bajo este argumento, todo medio de prueba que se obtiene saltando la cadena de custodia deja sobre la mesa la duda de si fue alterado o si realmente se trata de tomas del día de los hechos.

Por lo cual ese video jamás debió ser válido.

El 8 de junio de 2017, después de poco más de dos años del asesinato de Fátima, se dictó sentencia. La juez de control, Janeth Patiño García, admitió el video como prueba. Lorena afirmó que Patiño García dijo que no podía pasar por alto el renombre internacional de la escuela Sierra Nevada y que "si no hubiera sido por ese video ella hubiera sentenciado a un inocente".

El Pelón fue declarado inocente en ese momento, mientras que Luis Ángel fue sentenciado a 73 años y ocho meses, por el delito de feminicidio. Misael, que había estado prófugo por dos años, fue detenido en Cuernavaca, Morelos. Exactamente ocho días después de que se sentenció a su hermano y dejaron en libertad al Pelón.

Lo arrestaron cuando ya había cumplido 20 años de edad y fue sentenciado a cinco años por el delito de feminicidio. Sin embargo, en el tutelar de menores no puede estar más allá de los 23 años, por lo que realmente sólo podría estar preso tres años. Si todo sigue su curso, Misael podrá estar libre sin haber cumplido realmente su sentencia.

La familia de Fátima teme despertarse en cualquier momento con la noticia de que Misael fue puesto en libertad.

Tuvieron que transcurrir más de seis años para que el tercer feminicida por fin fuera condenado.

El 12 de octubre de 2021, el Poder Judicial del Estado de México dictó sentencia condenatoria, con pena vitalicia, en contra de José Juan Hernández Tecruceño, *El Pelón*, por el feminicidio de Fátima Quintana.

El juez del caso señaló que la sentencia de prisión vitalicia tiene el fin supremo de enviar un mensaje claro, ante un hecho atroz y aberrante. Dijo que las pruebas de cargo aportadas y desahogadas antes de la reposición del procedimiento tienen alcance convictivo pleno, mientras la coartada de la defensa se fue desvaneciendo.

El juzgador sentenció que José Juan tuvo una conducta dolosa, cometió actos atroces contra una menor de edad y fue coautor del feminicidio de Fátima.

"Si pudiera, cambiaría a todas las personas que están sentadas en esas sillas. Empezaría con los ministerios públicos, luego los fiscales y hasta llegar a los jueces y magistrados. No deben cometer este tipo de errores, todas las omisiones que hubo en el caso de mi hija…

"Nosotros, las mamás, los papás de las víctimas nos convertimos en peritos, en investigadores, hacemos el trabajo de campo, buscamos las evidencias. Nosotros ponemos a los asesinos en sus manos y ni siquiera así saben vincular a proceso, para después sentenciar. Son bien inhumanos, muy insensibles. No sienten sororidad con las víctimas", sentenció Lorena, mientras recordaba cómo se ignoró en primera instancia la extrema violencia con la que fue asesinada Fátima, además de las evidencias genéticas que jamás se tomaron y otras tantas —como las del video— que fueron alteradas.

Fátima, la niña que soñaba con ser doctora y que amaba los poemas, fue asesinada el jueves 5 de febrero del año 2015. Quince días antes de su feminicidio había participado en un concurso de declamación de poesía. Ella ganó, pero no pudo recoger su premio.

A su madre lo único que le queda de ella son fotos y el poema de Rubén Darío:

> *Y seguir camino arriba,*
> *por la luna y más allá;*
> *mas lo malo es que ella iba sin permiso*
> *de papá. Cuando estuvo ya en la vuelta*
> *de los parques del Señor, se miraba*
> *toda envuelta en un dulce resplandor.*

Conteo oficial… un paso contra la invisibilización del feminicidio

A partir de noviembre de 2017 el Secretariado Ejecutivo del Sistema de Seguridad Pública incluyó el feminicidio y el aborto dentro de las cifras públicas que transparentaron en un sistema de información, el cual describieron como "estructurado, estandarizado, consistente y compatible a nivel nacional e internacional".

Antes de eso, en México era imposible encontrar un sitio oficial que contabilizara todos los casos de feminicidios registrados en cada uno de los 32 estados del país, además de la recopilación a nivel nacional.

Según las cifras oficiales del Secretariado Ejecutivo, de enero de 2015 a octubre de 2021, en México se contabilizaron 5358 feminicidios. En esos siete años, el mes de agosto de 2021 fue el más violento en toda la historia del país, con 106 feminicidios contabilizados solamente en ese mes.

De los 809 feminicidios registrados durante los primeros 10 meses de 2021, el Estado de México ocupó la cifra más alta, con 118 casos de mujeres que fueron brutalmente asesinadas.

Es en este estado donde Fátima Quintana fue asesinada el 5 de febrero de 2015. Su muerte se contabiliza dentro de los más de 5 mil feminicidios que arrastra México desde que incluyó la tipificación de feminicidio dentro de sus códigos penales.

Veracruz fue la segunda entidad que más feminicidios registró durante el año 2021, con 61 casos. En tercer lugar se ubica Jalisco, con 57; mientras la Ciudad de México y Nuevo León están empatados en cuarto lugar, con 51 casos cada uno. Chiapas y Chihuahua son otros de los estados que se encuentran a la cabeza en los índices de feminicidios, con 40 casos cada uno.

Apenas en octubre de 2017 se reconoció la tipificación del feminicidio en todo el país, y el último estado en agregar esta figura a su Código Penal fue Chihuahua, que es, irónicamente, la entidad que sirvió de referente para hablar de feminicidios en México.

Fue en Ciudad Juárez, municipio de Chihuahua, donde el término *Las muertas de Juárez* fue acuñado como sinónimo de la situación de violencia de género que se presentaba desde el año de 1993.

La Fiscalía de Chihuahua, vía Acceso a la Información, reportó que de enero de 2012 a diciembre de 2018 se registraron mil 213 casos de mujeres asesinadas de manera violenta. 158 de esos casos fueron muertes por arma blanca, 564 por arma de fuego, 83 por asfixia o estrangulamiento, 119 por golpes, 6 mujeres más fueron quemadas; en un caso se registró el uso de una sustancia no especificada, y en 282 más no fue especificada la causa de muerte.

Ninguno de esos casos fue contabilizado como feminicidio.

Ximena Ugarte, abogada del Instituto Mexicano de Derechos Humanos y Democracia, declaró en una entrevista previa a que se dictara la sentencia al tercer feminicida de Fátima, que en México son asesinadas diariamente 11 mujeres, pero no todas las carpetas son abiertas como feminicidios. Muchas de ellas se abren como homicidios dolosos o suicidios.

En la investigación periodística "Feminicidas libres", Mexicanos contra la Corrupción y la Impunidad dio a conocer que de enero de 2012 a diciembre de 2018 habían sido asesinadas de manera violenta más de 12 mil mujeres y ninguno de esos casos había sido contabilizado como feminicidio.

Las cifras del reportaje publicado en marzo de 2020 revelaron cómo las autoridades **dejaron fuera del conteo oficial de feminicidios a 2 646 mujeres** que fueron asesinadas bajo contextos de extrema violencia y que encuadran con la tipificación oficial para ser reconocidos como feminicidios.

En el limbo de los feminicidios se encuentran 565 mujeres que fueron asesinadas a golpes, 554 más estranguladas, 72 mujeres que fueron mutiladas, 71 más cuyos cuerpos presentaban rastros de violencia sexual, 1 285 mujeres asesinadas con un objeto punzocortante, 43 víctimas que fueron desangradas hasta su muerte, 13 víctimas envenenadas o cuyos cuerpos fueron inmersos en sustancias químicas y 43 mujeres más que fueron calcinadas.

Por cada 100 asesinatos violentos de mujeres, 43 de ellos son invisibilizados y quedan fuera de los conteos oficiales de feminicidio.

En mayo de 2019, la organización Data Cívica y el Área de Derechos Sexuales y Reproductivos presentaron el informe "Claves para entender y prevenir los asesinatos de las mujeres en México". En él se explicaba cómo los asesinatos violentos con uso de armas de fuego se habían disparado y afectaban desproporcionadamente a las mujeres. El informe revelaba que el arma de fuego es la forma más común con la que se mata a mujeres en México. Ésta es la forma de homicidio que más había aumentado, y se registraba tanto en espacios públicos como dentro de casas.

Según el estudio, la tasa de mujeres asesinadas con arma de fuego incrementó cinco veces entre los años 2007 y 2017.

El estudio toma relevancia, cuadrándose con los reportes oficiales de causas de muerte, obtenidos para la investigación "Feminicidas libres". Ya que, además de los 2 646 asesinatos de mujeres que cumplían con las características para ser tipificados como feminicidios, se pueden sumar las 4 304 mujeres que fueron asesinadas a balazos entre 2012 y 2018.

El trabajo de Karla Micheel, enfocado en violencia feminicida, la lleva a sostener que en México no se reconoce la gravedad de los feminicidios, porque los gobiernos mantienen una negación ante la violencia de género.

La abogada explica que no sólo se trata de números o de la "feminización" del homicidio, sino que tipificar el feminicidio implica reconocer las condiciones de violencia con las que son asesinadas las mujeres.

"Atrás hay un profundo machismo y misoginia. Vemos cómo desde la academia, desde el derecho, los jueces o fiscales todavía siguen insistiendo en que por qué se habla de feminicidio y no de masculinicidio. Es decir, estas personas que están encargadas de la investigación, del juzgamiento de los casos, siguen hablando desde la ignorancia.

"Vemos las cifras. Que empezamos con siete feminicidios diarios, luego ocho, luego nueve y últimamente las

Naciones Unidas dice que son 10 homicidios los que se cometen todos los días contra mujeres. Es decir, el mensaje que se ha mandado es que en este país las mujeres podemos ser asesinadas, las mujeres podemos ser violadas, y no pasa nada. Y cuando digo no pasa nada es porque efectivamente no pasa nada. Porque no se están materializando las condenas contra esos feminicidas."

Machismo que mata

Aun con la existencia del tipo penal de feminicidio, el sistema judicial se niega a reconocerlo, y por si fuera poco, hubo la intención de desaparecerlo desde la ley. El 4 de febrero de 2020, la misma autoridad, el titular de la Fiscalía General de la República (FGR), Alejandro Gertz Manero, planteó a la fracción del partido Morena, en la Cámara de Diputados, eliminar el feminicidio del Código Penal, debido a la dificultad del Ministerio Público para acreditar el delito, y propuso redefinirlo como agravante de homicidio.

En un comunicado emitido ese mismo día, la FGR explicó que el delito de feminicidio ha crecido en el país, de 2012 a 2019, en 137.5%, según las cifras recabadas por el Secretariado Ejecutivo del Sistema Nacional de Seguridad.

"Si simplemente se tipifica y se mantiene el delito de feminicidio como un homicidio en contra de una mujer, este feminicidio debe tener el agravante y la penalidad más alta, que debe ser de 40 a 70 años; que es superior a la que actualmente se aplica en cualquier delito de homicidio calificado o agravado.

"Ésta es la tesis que estamos sosteniendo, todo ello en favor de las mujeres que son víctimas; para que cuenten con un tipo penal sencillo, eficiente y de la más alta sanción, para lograr la defensa de su vida y la protección de su integridad", se podía leer en el comunicado.

En el escrito se explicó que se buscaba un "tipo penal sencillo", ya que acreditar el feminicidio resulta un trabajo complicado para las autoridades.

Sin embargo, como se explicó anteriormente, las diferencias entre un homicidio doloso y un feminicidio, así como las razones de género que enmarcan el asesinato violento de una mujer, son claras y se resumen en siete puntos que vale la pena remarcar una y otra vez:

- Los signos de violencia sexual
- Las lesiones o mutilaciones
- Los antecedentes de violencia
- Que haya existido una relación entre la víctima y el victimario
- Las amenazas o agresiones previas al asesinato
- Que la víctima haya sido incomunicada
- Que el cuerpo haya sido expuesto o exhibido en un lugar público

Pero, incluso, para acreditar el delito de feminicidio no se tiene que contar forzosamente con las siete causales, y el argumento del fiscal no tendría cabida dado que las autoridades judiciales están obligadas a investigar el asesinato violento de cualquier mujer con perspectiva de género, como lo mandató la Suprema Corte de Justiticia de la Nación tras el **caso de Mariana Lima Buendía, que sentó ese precedente jurídico en el país desde 2015**.

Mariana Lima era pasante en Derecho y ama de casa de 29 años de edad. Su cuerpo sin vida fue encontrado el 29 de junio de 2010, en la casa donde vivía con su esposo, un policía ministerial, en Chimalhuacán, Estado de México, de acuerdo con el expediente de la Dirección General de la Asesoría Jurídica Federal de la Comisión Ejecutiva de Atención a Víctimas.

La versión del marido establecía que ese día llegó en la madrugada a su casa; como no traía llaves tocó en varias ocasiones y, al no recibir respuesta, se metió por la ventana. Una vez en la casa, subió a su cuarto y encontró a su esposa colgada de una armella, la bajó, la acostó en la cama, le dio masajes para reanimarla, pero ya estaba muerta.

El agente ministerial llamó a su suegra, Irinea Buendía, y le informó que su hija se había suicidado. La madre de la víctima compareció ante el Ministerio Público y señaló que desde el inicio de su matrimonio su hija había sufrido violencia física y psicológica por parte de su esposo. Ella explicó que un día antes de que se encontrara el cuerpo de su hija ambas acordaron que lo denunciaría y dejaría el domicilio conyugal. Irinea no creía la versión del suicidio.

Varios testigos confirmaron que Mariana sufría violencia, pero no quiso denunciarlo ya que su esposo era judicial y temía que no le hicieran nada. Y así fue: durante la investigación, el Ministerio Público determinó el no ejercicio de acción penal ya que del análisis de las pruebas se desprendía que la causa de muerte había sido asfixia mecánica por ahorcamiento y dichas lesiones correspondían a un suicidio. El caso llegó a la Primera Sala de la Suprema Corte de Justicia de la Nación.

La Suprema Corte determinó que todo homicidio contra una mujer debe ser investigado con visión de género, es decir, como un posible feminicidio, ya que las muertes violentas de mujeres suelen ser manifestaciones de violencia previa por parte de sus victimarios, lo cual debe ser tomado en cuenta en la investigación.

La Primera Sala determinó que existieron irregularidades y omisiones durante la investigación del caso que constituyeron una violación al derecho a vivir una vida libre de violencia contra la mujeres, tales como la falta absoluta de debida diligencia en la preservación de la escena del crimen, las deficiencias en el manejo y en el análisis de la evidencia recolectada, la falta de valoración sobre las inconsistencias y contradicciones en las diferentes declaraciones de su esposo y la falta de valoración de la relación laboral o de amistad del feminicida con las personas encargadas de la investigación.

El caso emblemático de la sentencia de Mariana Lima sirve ahora como precedente para investigar con perspectiva de género la muerte violenta de una mujer.

Pese a que se confirmó que las autoridades judiciales tienen una gran deuda con la seguridad de las mujeres y su garantía a vivir una vida libre de violencia, actualmente los mismos encargados de acabar con la impunidad siguen poniendo sobre la mesa la posibilidad de eliminar el concepto legal de feminicidio, argumentando que es difícil acreditarlo.

Gertz Manero no es el único que ha declarado en favor de eliminar el tipo penal de feminicidio de los códigos penales. El diputado del Partido Encuentro Social (PES) del Congreso de Nuevo León, Carlos Leal, afirmó que catalogar el homicidio de una mujer como feminicidio es un "privilegio" porque deja de lado los asesinatos de hombres.

Finalmente, el presidente Andrés Manuel López Obrador rechazó la propuesta del fiscal general sobre eliminar el delito de feminicidio. En su conferencia matutina del 5 de febrero de 2020 dijo que esto "no se mueve" ya que "si se lleva a cabo esta reforma, aun siendo buena, se puede malinterpretar".

La abogada Karla Micheel Salas Ramírez explicó que mientras en México el término *feminicidio* sea diferente dependiendo de en qué parte de la República Mexicana se encuentra la víctima y no se homologue por completo con el Código Penal Federal y se implemente en todos los estados, las siete causales que ahí se describen, la impunidad y la cifra negra en los feminicidios seguirán creciendo.

"Ya hay una definición muy clara en el Código Penal Federal que se tendría que retomar de esa definición para abajo, o sea, dejar de hacer este agravio comparado. Donde en una entidad federativa se tipifica de una manera y en otra de manera distinta."

Más allá del Estado de México

¿Por qué es importante que los asesinatos de mujeres, cometidos de formas brutales, sean tipificados cómo feminicidio? Porque al tipificarlo correctamente no sólo se toman en cuenta los años de pena –que en México alcanzan hasta 70 años de cárcel–, sino también se visibiliza la violencia extrema de la que fueron víctimas durante, e incluso antes de, su asesinato.

Y no sólo se trata de los años que puede pasar un feminicida tras las rejas, también de visibilizar la violencia de género que existe como antecedente en la vida de cada una de las víctimas de feminicidio. Se trata de reconocer que estas mujeres, además de ser asesinadas, fueron violentadas en una sociedad que tolera el acoso, que encubre violadores y justifica a golpeadores. Que, antes de llegar al extremo de la violencia, fueron violadas, insultadas, maltratadas e ignoradas, tanto por sus parejas o familiares como por el Estado.

Por eso es que si se diera marcha atrás en el avance en materia judicial con la tipificación de feminicidio y una propuesta como la del fiscal Gertz se concretara, dejaríamos a cientos de familias sin acceso a la justicia, como la de Karla Yesenia Gómez –brutalmente asesinada en Chiapas– cuyo agresor fue acusado sólo de homicidio y podría salir de prisión en 8 años, que no es ni la mitad de la pena máxima por feminicidio. Los padres de Yesenia no sólo viven con la pérdida, sino en permanente lucha contra las autoridades que –en teoría– deberían velar por ellos.

La historia de este crimen comienza a mediados de 2018. El reloj marcaba las 6:30 de la mañana del 5 de julio de ese año, y Maricruz Velasco todavía no sabía nada de su hija Karla Yesenia Gómez.

La joven de 20 años de edad, tez apiñonada, ojos redondos oscuros, complexión delgada y aproximadamente 1.65 metros de altura había salido con sus compañeros del trabajo a una reunión espontánea que se convocó en La Palapa de Mi Mamá, un bar popular ubicado en Tuxtla Gutiérrez, Chiapas.

Karla era una estudiante de Derecho que había presentado su servicio social en el Congreso del estado de Chiapas. Cuando terminó, su trabajo dejó tan buena impresión que fue invitada a trabajar para la campaña del diputado Carlos Penagos Vargas, quien en las elecciones de 2018 se había lanzado como candidato para la presidencia municipal de Tuxtla Gutiérrez.

Carlos Penagos perdió las elecciones de julio de 2018 y la derrota devastó a Karla.

Al día siguiente de las elecciones, el 5 de julio de aquel año, Karla fue a entregar sus cosas. Había decidido enfocarse en la etapa final de su carrera.

Ese mismo día ella tenía un compromiso con su hermano, por lo que su familia la llamó a las 2 de la tarde, pero Karla seguía ocupada en la oficina. El reloj siguió avanzando y su madre comenzó a preocuparse cuando dieron las 7 de la tarde y Karla no se reportaba. Maricruz llamó a su hija al celular, pero Karla no tomó la llamada… un amigo contestó en su lugar.

René, que trabajaba con ella en la campaña del diputado, contestó el celular de Karla y le dijo que ella no podía tomar la llamada porque estaba bailando. Le contó que todos los compañeros de trabajo estaban en un bar popular llamado La Palapa de Mi Mamá y que en no más de 20 minutos todos se irían a sus casas.

Pero a las 10 de la noche Karla seguía sin reportarse. Maricruz volvió a llamarla, pero el celular ahora mandaba directo a buzón. Lo primero que vino a su mente fue que quizás el celular de su hija se había quedado sin pila, por lo que no dudó en contactar a René.

Le llamó y el joven le dijo que seguían en el bar y que el celular de Karla se había descargado. Su hija seguía bailando y su amigo aseguraba que no podía tomar la llamada.

Maricruz le advirtió que iría por ella, pero René le aseguró que era inútil, que ya estaban por pedir la cuenta, y en lo que su familia llegaba por ella, seguramente todos se habrían ido ya.

Tanto la madre de Karla como su esposo y su hijo estuvieron en la sala esperando a que Karla llegara; pero el reloj siguió avanzando y las llaves de Karla jamás entraron por el cerrojo.

La familia Gómez Velasco era dueña de una tienda de abarrotes que diariamente abría a primera hora de la mañana. Maricruz fue vencida por el sueño a las 2 de la madrugada, pero antes de las 6 de la mañana ya estaba despierta y lista para abrir la tienda.

Antes de abrir el negocio fue a revisar la recámara de su hija. La cama estaba intacta. Caminó apresurada a la recámara de su hijo, esperando que Karla estuviera ahí, pero el hermano menor de la joven chiapaneca estaba solo.

Su hijo le contó que tenía no más de 15 minutos de haberse metido a su cuarto. Se había quedado toda la noche esperándola, pero su hermana no había llegado.

El celular de Karla seguía mandando a buzón. A las 8:30 de la mañana, Maricruz llamó nuevamente a René, quien al enterarse de que Karla no había llegado a casa se extrañó demasiado y le adelantó a Maricruz que Laura, la jefa de ambos jóvenes, había encaminado en su auto a Karla, saliendo del bar.

La ansiedad invadía paulatinamente a Maricruz. Ella llamó a Laura, quien le confirmó que saliendo de La Palapa de Mi Mamá, encaminó a Karla hasta media cuadra de su casa y le aseguró que fue la última vez que la vio.

"Necesito que me digan dónde la dejaron, porque no aparece, y si algo le pasó, voy contra ustedes", arremetió la madre de la joven con bastante molestia.

Pero Laura no le aportó más información. Todo lo contrario, le insinúo que tal vez la joven no había llegado a casa porque había decidido quedarse con alguna amiga.

Maricruz llamó a todos los amigos de su hija, pero nadie la había visto. Desaparecer no era un comportamiento normal de Karla. Ella era una joven muy conectada con su familia, y siempre estaban al pendiente unos de otros.

Para las 2:30 de la tarde la desesperación se había apoderado por completo de Maricruz. El teléfono de Karla seguía apagado y si hubiera estado con una amiga, ella sabía que su hija ya habría conseguido cómo recargar su celular.

El esposo de Maricruz, que también estaba angustiado, trató de ser la parte serena. Convencía a su esposa de que todo estaba bien, que las malas noticias corren rápido y si algo malo le hubiera pasado a Karla, ellos ya se habrían enterado.

Caminaron hacia un campo de futbol cercano a su hogar, cuando se encontraron con dos vecinos que trabajaban para la policía de Tuxtla Gutiérrez. Los hombres notaron rápidamente la angustia de Maricruz con sólo verle el rostro, así que le preguntaron qué le pasaba. La señora les contó todo.

—¿Cómo iba vestida? —le preguntaron.

—Traía una blusa roja, pantalón negro y unos tenis con flores bordadas, que son tipo artesanal —les respondió.

Los hombres se quedaron callados, viéndola fijamente.

—¿Por qué? ¿La han visto? —les preguntó al ver su reacción.

—No —le insistieron.

Apenas los policías habían dicho que no, el celular de Maricruz comenzó a sonar: era Laura, la jefa de su hija. Ella no quiso contestar y le pasó el teléfono a su esposo, quien tomó la llamada y puso en altavoz el celular.

Esta vez Laura cambió su historia por completo. Le dijo que en realidad ella no había encaminado a Karla a su casa, sino que su hermana Yaneth y su pareja Marvin se la habían llevado a su casa, ubicada en la calle Francisco I. Madero.

Maricruz no entendía por qué Laura ahora le contaba otra historia. Cuando colgaron la llamada, los policías que antes habían hablado con ella se acercaron a su esposo.

No querían alarmarlos, pero le contaron que en la madrugada habían encontrado a una chica tirada en la calle Francisco I. Madero. El dato les pareció útil ya que habían escuchado que la persona que los llamó les dijo que ahí se habían llevado a Karla.

Los policías habían tomado una foto de la escena que encontraron y desde su teléfono celular se la mostraron al padre de Karla.

—Ésa no es mi hija. Mi hija tiene los brazos cortitos y la mujer de la foto tiene los brazos largos —contestó rápidamente.

No quiso dejar el dato aislado, así que llamó a su esposa y le dijo que los policías querían mostrarle algo. En cuanto Maricruz vio la fotografía gritó:

—¡Es mi hija! Yo la reconozco. Lleva la ropa que ella tenía puesta. Es su blusa roja. ¡¿Dónde está?! —les preguntó pensando que la joven de la fotografía había sido llevada a algún hospital.

—Doña Mari, es que está en el Semefo…

Fue como si las palabras de los policías hubieran apagado un botón en el interior de la madre de Karla.

Gritó, pero no escuchó su propia voz. Veía cómo la gente a su alrededor caminaba en cámara lenta, avanzando a un paso sumamente lento para ayudarla.

Maricruz gritaba que la llevaran con su hija. Ni siquiera recuerda cómo fue que llegó hasta el Semefo, pero cuando llegó, no la dejaron entrar a ver el cuerpo de su hija. La pasaron a una sala donde estaba un monitor encendido, con la imagen de una joven recién bañada, con una sonrisa en el rostro.

"Era mi Karla, era mi Yesenia, como yo le decía a mi hija. La habían levantado de la calle, estaba como desconocida. Me la habían asesinado."

Tras verla por el monitor, insistió en que la dejaran pasar a donde estaba el cuerpo de su hija. Karla estaba sobre una mesa de cemento, su cuerpo reposaba dentro de una bolsa negra con cierre.

Cuando Maricruz abrió el cierre y tuvo frente a ella el rostro de su hija la besó casi por reflejo. Abrazó su cuerpo frío. Hasta la fecha —confesó— el recuerdo de esa imagen es lo primero que viene a su mente cada mañana.

Como centenas de asesinatos de mujeres que se han registrado en México, el de Karla también fue mal clasificado. Pese a que el cuerpo fue expuesto en un lugar público, el feminicidio de Karla fue reportado como homicidio.

¿Qué le pasó a Karla?

¿Qué vivió Karla los últimos minutos de su vida? Esa duda no deja en paz a su madre, ya que hasta la fecha no lo sabe con precisión. Las piezas alrededor de su feminicidio están desencajadas.

Ella no va ni a la mitad del rompecabezas. Por la autopsia se sabe que Karla murió por estallamiento de bazo, hígado y la perforación de uno de sus pulmones. La primera versión que tuvo fue que todo se trató de un accidente, que fue atropellada porque iba caminando borracha por la calle, pero hay llamadas de emergencia que indican lo contrario.

Maricruz es otra madre que se ha vuelto detective, que ha investigado como ha podido, tratando de encontrar la verdad tras el asesinato de su hija. Haciendo memoria recordó que meses antes de que Karla muriera, ella tuvo una discusión de trabajo con Laura, Yaneth y Marvin, las tres últimas personas que la vieron con vida.

Logró averiguar que existen rumores de que esa noche, horas antes del feminicidio de Karla, personas llamaron a emergencias para reportar que una mujer estaba pidiendo ayuda, gritaba que la estaban golpeando. El reporte fue hecho en la misma calle donde se encontró horas más tarde el cuerpo de su hija.

Nadie se metió a auxiliar a la mujer que gritaba en la calle porque pensaban que peleaba con su pareja. Un hombre estaba con ella. Dos horas más tarde los vecinos de la calle Francisco I. Madero volvieron a llamar a emergencias, ahora para reportar el cuerpo de una mujer tirado en la vía pública. Fue por esa llamada que los policías llegaron a levantar el cuerpo de Karla.

Maricruz preguntó por qué nadie atendió las primeras llamadas de emergencia y lo que las autoridades le han dicho es que no dieron con el domicilio en ese momento.

"Yo sé que esa carpeta de investigación que levantaron de mi hija no es la correcta. Yo desde ahí veo que no queda clara la manera en que le quitaron la vida a mi hija."

A los 20 días del feminicidio, la familia de Karla encabezó una rueda de prensa y un par de días después las autoridades informaron que habían detenido a un implicado en el asesinato de la joven.

La detención

Marvin Eduardo fue detenido la madrugada del 24 de julio de 2018. La Fiscalía General del Estado de Chiapas dio el anuncio a los medios. Según el boletín de prensa que varios medios de comunicación de ese estado reprodujeron, la detención se dio como cumplimiento a una orden de aprehensión girada por el juez de control de Región Uno, por el delito de homicidio simple intencional.

La Fiscalía informó que antes de ser detenido, Marvin estuvo escondiéndose en Nayarit, en Sonora, y estaba por huir a Playa del Carmen, Quintana Roo. Marvin no rindió declaración al ser detenido.

En la audiencia de vinculación a proceso, el Ministerio Público intentó que se vinculara al detenido por feminicidio, pero sólo fue vinculado por homicidio simple. La sentencia que se le impuso fue de sólo ocho años de prisión. La familia de Karla sigue luchando por la reclasificación y por que la sentencia sea mayor.

"Extraoficialmente sabemos que Marvin le confesó a Yaneth que atropelló a Karla. Quiero saber por qué lo hizo. Marvin no ha dado declaración, nos han dicho que se está reservando para la audiencia. Sabemos que Laura y Yaneth ya declararon y que ese día también sabremos si reclasificarán el asesinato como feminicidio.

"En el momento que te quitan a un hijo, te quitan la vida. Ese asesino no sólo mató a mi hija, nos mató a mí, a mi esposo, mató a mi hijo. Nos mató a la familia entera. Nos hundió en lo más profundo."

El miedo de que Marvin salga libre, de que no se detenga al responsable por el feminicidio de Karla, es un sentimiento que acompaña a diario a Maricruz. Aunque no quiere reconocerlo, sabe que esa posibilidad siempre está en el aire.

"Cuando te pasa esto, la vida ya no es vida. Lo que nos queda es refugiarnos en pedir justicia para tener un poco de paz. Sabemos que nuestras hijas ya no van a regresar, pero pensamos que por lo menos van a pagar con cárcel los que decidieron quitarles la vida."

La violencia que crece... la deuda con las mujeres que permanece

La Unidad de Género del Instituto Politécnico Nacional (IPN) presentó en 2009 el "Violentómetro", una escala que visualiza las diferentes manifestaciones de violencia que se encuentran ocultas en la vida cotidiana. El termómetro se divide en tres escalas de color que van aumentando, dependiendo del tipo de violencia. Las bromas hirientes, los celos, la descalificación y la humillación pública ocupan la escala marcada con la leyenda "¡Ten cuidado! La violencia aumentará". El manoseo, la destrucción de objetos personales y "golpear jugando" son parte de las señales que indican un nivel amarillo que poco a poco se tiñe de rojo, escala máxima donde ya aparecen los golpes, las amenazas de muerte, el aislamiento, forzar a una relación sexual, abuso sexual, violación, mutilación y asesinato.

Estas características son presentadas en la mayoría de los feminicidios. Destellos alarmantes que indican que la violencia de género mata, y que en su mayoría es ejercida por personas cercanas a la víctima, como lo son sus parejas.

Ximena Ugarte, abogada del Instituto Mexicano de Derechos Humanos y Democracia, explicó que diferentes organizaciones, incluido el Observatorio Nacional del Feminicidio, han determinado una "ruta de impunidad" en donde han detectado claramente cuáles son las fallas que se tienen en las partes de la investigación de un feminicidio.

Las fallas comienzan desde la recabación de evidencia en las escenas del crimen, las primeras diligencias de inspección, así como a dónde se llevan las pruebas y los indicios recolectados, ya que, como advertía la abogada especialista en feminicidios, Karla Micheel Salas, no existe una correcta bóveda de resguardo de evidencia.

Ugarte añadió que generalmente en las fiscalías no se cuenta con el material ni con la experiencia necesarios para hacer una determinación científica objetiva que no deje lugar a dudas de la relación entre la evidencia, el victimario y la víctima.

"Existe todavía una gran ruta de impunidad que no se ha logrado subsanar. En el Estado de México particularmente, en 2015, fue declarada una alerta de violencia de género por violencia feminicida, justo por esto, por estas fallas estructurales que en su momento las organizaciones peticionarias detectaron dentro de la entidad, en específico dentro de la Fiscalía, y para poder revertir y subsanar y mejorar las capacidades de una investigación adecuada y con perspectiva de género."

Tanto el caso de Fátima como el de Karla son sólo un botón de muestra entre los miles de asesinatos violentos de mujeres que se cuentan en México y a los que diariamente se suman 11 feminicidios más.

Casos en los que no se respetan las cadenas de custodia, no se toman perfiles genéticos, muestras de semen —cuando se presentan rastros de violencia sexual—, en los que se olvidan evidencias, no se toman testimonios con presencia de abogados, se alteran grabaciones claves para las investigaciones, se olvidan vehículos y escenas del crimen que no son resguardadas correctamente. En resumen, miles y miles de cajas de evidencia que, de haberse procurado de forma adecuada, habrían bastado para que las víctimas de feminicidio tuvieran justicia.

Los elementos recopilados para este capítulo muestran una cosa clara: en México el feminicidio no sólo es perpetrado por una persona, sino que también es encubierto por las negligencias de un sistema judicial. Son estas fallas en el correcto actuar de las autoridades las que permiten que en México 93% de los feminicidios terminen en la bolsa de la impunidad.

Que tiemble el Estado[1]

Laura Castellanos

Un puñado de mujeres jóvenes salió del torrente de la marcha del 8 de marzo (8M) del 2020, el Día Internacional de la Mujer, en avenida Juárez de la Ciudad de México. Eran partícipes de la mayor manifestación femenina ocurrida hasta entonces en el país: 80 mil asistentes de acuerdo con el gobierno capitalino, más de 250 mil según las organizadoras. Protestaban contra el aumento de la violencia patriarcal y los asesinatos de mujeres, que promedian 10 casos al día según el Secretariado Ejecutivo del Sistema Nacional de Seguridad Pública (SESNSP). Las "morras", como se autodenominan las jóvenes feministas radicales, avanzaron hacia la valla de láminas que bloqueaba el paso por el andador peatonal de Madero, colocadas para impedir sus pintas o cristalazos a los comercios, a un costado de la Torre Latinoamericana. Lograron desprender una para abrir paso

---

[1] Estrofa de *Canción sin miedo* de la cantautora Vivir Quintana.

241

fugaz a otras manifestantes hasta que arribó un despliegue policiaco femenil.

Las morras rondaban los 25 años. Llevaban ropa y capuchas negras, botas oscuras de uso rudo, mochila a la espalda. Eran unas entre tantas, pero las vi moverse con seguridad y autonomía, y las seguí. Unidas de nuevo al flujo de la marcha, transitaron por Eje Central y dieron vuelta en la calle 5 de Mayo con dirección al Zócalo. En esa esquina, sede del Banco de México, subieron a la banqueta y pasaron sobre las vallas metálicas, derrumbadas por otras manifestantes, que habían sido colocadas para proteger el recinto. Inesperadamente, soltaron martillazos a sus ventanales intactos y un par de espontáneas las secundaron.

—¡¡¡No violencia!!! ¡¡¡No violencia!!! —algunas voces las increparon desde el caudal de la marcha.

—¡¡¡Fuimos todas!!! ¡¡¡Fuimos todas!!! —les respondieron otras.

Las morras avanzaron por la banqueta sin inmutarse y yo iba detrás, tomando nota, cuando al pisar una mampara derrumbada me torcí un tobillo y caí de espaldas. Una volteó y me vio en el suelo. "¡Caída! ¡Caída!", exclamó y me dio la mano para levantarme. Metros adelante ellas recibieron la nube de un polvo químico seco y espeso descargado por un extintor de la policía. Corrieron y yo me quedé inmóvil, alcanzada por la nube, sin poder ver ni respirar ni desplazarme por el tobillo lastimado. La misma morra me dio de nuevo la mano para que saliera de la niebla tóxica. Le agradecí y pregunté si podía entrevistarlas, y guardó silencio.

Las morras continuaron caminando por la banqueta y pararon en las oficinas de la representación del gobierno de Nuevo León en la capital, donde un par de manifestantes intentaba quebrar a martillazos los dos pliegos gigantes de triplay que tapiaban su puerta. Una de las morras se les unió y lograron abrirla haciendo palanca con un tablón entre ambos pliegos. Entraron. Martillazo a la puerta de cristal. Martillazo al ventanal. La morra que antes me asistió extrajo una bandera de México y la mostró con el brazo en alto a la multitud en marcha. Cundieron gritos de festejo. La incendiaron.

—¡¡¡No violencia!!! ¡¡¡No violencia!!! —exclamaron las voces opositoras.

—¡¡¡Fuimos todas!!! ¡¡¡Fuimos todas!!! ¡¡¡Fuimos todas!!! —las afines dominaron la sinfonía.

A un lado del ventanal roto las morras escribieron "Ingrid", en memoria de Ingrid Escamilla, la joven que un mes antes fue desollada y descuartizada por su novio. "Siempre vivas" y "Presidente feminicida" pintaron otras manifestantes por igual.

La expresión más belicosa de la emergente cuarta ola feminista mexicana mostró su rabia y potencia en la marcha del 8M, nutrida especialmente por mujeres que rondan los 20 y 30 años, el rango más expuesto a la violencia de género según el Instituto Nacional de Estadística y Geografía

(Inegi). Irrumpió en 2019, el primer año de gobierno de Andrés Manuel López Obrador, detonada por el aumento de feminicidios, asesinatos dolosos, desapariciones, violencias intrafamiliares, agresiones y acosos sexuales, así como la inmovilidad del Estado para atender las causas estructurales que los provocan. Su hartazgo estalló como el mayor periodo insurreccional femenino en la historia mexicana, y alimenta la revolución social de mujeres que en el mundo confronta el orden patriarcal, como lo documenté en mi libro *Terremoto feminista. Historia ilustrada del patriarcado en México.*

Las morras han hecho trepidar al aparato de Estado al realizar *acciones directas*: formas de acción disruptivas y ajenas a la institucionalidad dominante, a veces violentas, usadas como expresión de disconformidad o emancipación, según lo definieron Julián Rebón y Verónica Pérez, doctores en Ciencias Sociales, en su análisis "Acción directa y procesos emancipadores", publicado en el portal del Instituto de Investigaciones Sociales de la UNAM. Ellas han recurrido a diversas acciones directas en sus protestas contra el orden patriarcal: pintas a monumentos, cristalazos, cierre de vialidades, *performances* o actos simbólicos, apropiación de planteles educativos y destrozos o quema de oficinas públicas o de mobiliario del transporte público, entre otras.

López Obrador calificó sus acciones de "vandalismo" y a las morras de infiltradas. "Esto es nuevo, estas protestas contra el gobierno, con la bandera del feminismo, cuando en realidad todo esto está impulsado por el conservadurismo, que está sintiendo afectados sus intereses", dijo a la prensa. La feminista Irma Saucedo, la pionera en los estudios de violencia de género en México, considera que el presidente encarna el orden patriarcal mexicano porque reproduce el mandato ancestral de tener a las mujeres en sus casas al cuidado de las infancias y personas enfermas y ancianas, sin salir al espacio público a protestar contra lo que las oprime y violenta. Para la doctora en Sociología las acciones directas feministas son criminalizadas por él y reprimidas por autoridades del gobierno porque la violencia ha sido monopolio del Estado y los hombres, y si las mujeres la ejercen "son doblemente culpables porque socialmente deben de ser lindas y sumisas".

La violencia del Estado mexicano contra las mujeres que protestan fue denunciada ante la Comisión Interamericana de Derechos Humanos (CIDH), órgano autónomo de la Organización de los Estados Americanos (OEA) con sede en Washington, el 27 de octubre de 2021. Durante 2020 y 2021 hubo represión policiaca contra ellas en 10 entidades del país, y estigmatización y criminalización por parte de actores de los tres niveles de gobierno, en tanto sigue sin atenderse la violencia estructural de género que las moviliza, como consignó ante la CIDH el Espacio de Organizaciones de la Sociedad Civil (EOSC), un conjunto de organizaciones mexicanas e internacionales defensoras de los derechos humanos y de la libertad de expresión, con el acompañamiento de Amnistía Internacional (AI).

#YoSíTeCreo

La primera manifestación multitudinaria contra el gobierno de López Obrador ocurrió a dos meses de su arribo al poder, el 2 de febrero de 2019. No protestaron adversarios conservadores. Tampoco exaliados de izquierda. Miles de mujeres asistieron a la marcha convocada con el *hashtag* #AlertaMujeresMx para exigir al gobierno que esclareciera los intentos de secuestro y las desapariciones recientes de mujeres jóvenes, dentro y en los alrededores de las estaciones del Sistema de Transporte Colectivo Metro de la capital.

Lizbeth Hernández, la fotoperiodista que más ha cubierto movilizaciones feministas en el Valle de México en tiempo real, a través de su cuenta de Twitter (@abismada_), reporteó la marcha y la concentración de cierre en el Zócalo. Al escuchar las consignas y leer los carteles de las manifestantes, observó que trascendían los casos del metro y expresaban la acumulación de las violencias de género vividas por las mexicanas en distintos momentos y lugares. En el mitin quedó impactada al observar a la multitud estremecida ante las expositoras de diversas edades y orígenes: entre ellas, madres de desaparecidas y víctimas de feminicidio, y sobrevivientes de agresiones sexuales. "Varias de las chicas y de las mujeres que las escuchaban estaban llorando, fueron testimonios muy estrujantes", recuerda. "No me había tocado ver este matiz en otra protesta", refiere sobre sus coberturas que datan de 2011.

Reporteras del portal *Serendipia Data* documentaron 137 intentos de secuestro de 1997 al 31 de enero de 2019 al interior o en las inmediaciones del metro, 40% de los casos ocurrieron en ese mes. La información la obtuvieron a través de un cuestionario abierto en su sitio. Las denunciantes reportaron tres o más agresiones, ataques físicos o sexuales, un horario de incidencia de 2 a 3 de la tarde; 14% interpuso alguna denuncia. Más de 97% no procedió. Los casos denunciados aumentaron a 210 después de la marcha.

Ese invierno también dio cuenta de un número indeterminado de desaparecidas. De Viviana Garrido Ibarra, ingeniera bioquímica de 32 años, nada se supo luego de que una amiga la vio a punto de ingresar al metro Ermita a las 17:00 horas del 30 de noviembre de 2018, la víspera del arribo de López Obrador a la presidencia. Vi los carteles con su rostro agraciado, tez morena clara y cabellera negra pegados por la zona. Su caso alimentó el maremágnum de desapariciones registradas en el sexenio de Felipe Calderón, continuadas en el de Enrique Peña Nieto, y que no cesarían tras el cambio de gobierno. En el lapso que abarcó aquellos dos sexenios y el primer año de López Obrador, al menos 15 mil mujeres y niñas desaparecieron, cuatro de cada 10 en edades de entre 15 y 24 años, y 23% de los casos ocurrieron en la región que comprende la Ciudad de México y el Estado de México, de acuerdo con el Registro Nacional de Personas Desaparecidas y No Localizadas.

Claudia Sheinbaum, la incipiente jefa del gobierno capitalino, anunció la creación de cinco unidades móviles de la entonces Procuraduría General de Justicia de la Ciudad de México (PGJ-CDMX) en la red del metro, mayor vigilancia y la investigación de las denuncias. Las unidades fueron desactivadas meses después. No trascendió si hubo detenciones o redes de trata sexual desarticuladas ese 2019, ni fueron esclarecidos casos como el de Viviana. El gobierno federal tampoco presentó un plan nacional de búsqueda de las desaparecidas. Entre mujeres del Valle de México, que enfrentan a diario las fotos de mujeres y niñas desaparecidas pegadas en los andenes del metro, persistió un sentimiento de vulnerabilidad.

La marcha de #AlertaMujeresMx no fue una protesta excepcional. El informe "Movilizaciones feministas 2007-2017 en la Ciudad de México", de la asociación civil Comunicación e Información de la Mujer (Cimac), contabilizó 114 protestas en el espacio público y 10 en el digital en la década. La organización documentó un aumento desde 2014: 11 en este año, 16 en 2015, 24 en 2016 y 26 en 2017. Fueron protagonizadas por un amplio movimiento de mujeres de diversas generaciones, origen social y formas de pensamiento y acción, al que también pertenecen las que no se asumen feministas, pero comparten sus demandas centrales: vivir una vida libre de violencia y opresión, y la despenalización del aborto. Si bien al principio las manifestaciones por los derechos laborales, sexuales y reproductivos fueron la mayoría, después aumentaron las de condena a las violencias machistas.

Esa tendencia expresó el disparo de las violencias de género más extremas contra las mexicanas hasta ese 2019, los feminicidios: 412 en 2015, 607 en 2016, 742 en 2017, 894 en 2018, 946 en 2019. Y los homicidios dolosos: mil 734 en 2015, 2 mil 189 en 2016, 2 mil 535 en 2017, 2 mil 762 en 2018 y 2 mil 868 en 2019, según el Secretariado Ejecutivo del Sistema Nacional de Seguridad. La saña marcó 30% de los homicidios dolosos, una proporción mayor que la de los hombres: 18.3% según el Inegi. Irma Saucedo manifiesta que esta brutalidad repuntó a partir de la estrategia de seguridad militarizada de Calderón, continuada por Peña Nieto y López Obrador, que incrementó el armamentismo y los conflictos en el entramado de la violencia organizada. En tanto, dice, el Estado ha desdeñado que "los asesinatos dolosos y los feminicidios son consecuencia de una cadena de violencias ignoradas en el ámbito doméstico, escolar, público y laboral".

Cinco semanas después de la marcha de #AlertaMujeresMx irrumpió el #MeToo en México, el *hashtag* con el que actrices de Hollywood denunciaron en 2017 las agresiones sexuales del productor de cine Harvey Weinstein, que tuvo un impacto mundial. Aunque un año antes Latinoamérica vivió su rebelión digital. La colombiana Catalina Ruiz-Navarro lanzó el *hashtag* #MiPrimerAcoso el 23 de abril de 2016. En México incitó al día siguiente la movilización conocida como la Primavera Violeta, contra el acoso sexual callejero, los feminicidios y la violencia sexual. Según las organizadoras involucró a más de 8 mil personas en 40 ciudades del país, algo inédito entonces.

La tromba del #MeToo llegó a México con otra primavera. El 22 de marzo de 2019 un grupo de escritoras creó la primera cuenta del movimiento en nuestro país: @MeTooEscritoresMexicanos, un día después de que una decena de mujeres acusó en Twitter al escritor Herson Barona de golpeador y acosador. Sus creadoras desean resguardar su identidad por seguridad, y narraron en entrevista por mail: "Al día siguiente la situación estalló y surgieron diferentes cuentas de distintos ámbitos, pero con el mismo fin: señalar públicamente a los agresores que habían quedado impunes. Jamás nos imaginamos el alcance y el impacto que esto tendría".

Brotaron, por lo menos, 40 cuentas #MeToo en espacios contrastantes: el periodístico, de la música, del activismo, la publicidad, el cine, la academia, las empresas, el deporte, las artes, entre otros, lo cual generó una sorprendente avalancha de testimonios de humillaciones, acosos, hostigamientos, abusos y violencias sexuales. Del 21 de marzo al 4 de abril hubo 424 mil tuits de 230 mil usuarias, y fueron documentadas 2 mil 81 denuncias en 11 cuentas participantes del #ForoMeTooMx, realizado en la Comisión de Derechos Humanos de la Ciudad de México (CDHCM). Las que más acumularon casos: @MeeTooPublicistas (600), @MeTooAcadémicos (350), @PeriodistasPUM con el *hashtag* #MeTooPeriodistas (250), @MeTooEscritores (194) y @MeTooTeatro (179).

La mayoría de los testimonios eran confidenciales y anónimos, por lo que en las redes sociales y medios de comunicación cuestionaron su legitimidad y veracidad. Entonces el colectivo PUM creó un protocolo para publicarlos: sólo los confidenciales, no los anónimos, es decir, verificarían los datos de la denunciante sin hacer pública su identidad si así lo solicitaba; debía compartir su caso en primera persona, aprobar su difusión, y su cuenta de Twitter no debía ser de creación reciente. Las integrantes de PUM, en entrevista vía WhatsApp, precisaron que si bien les creían a las denunciantes, las instaron con empatía a dar sus referencias personales y laborales para chequearlas. Les decían: "Necesitamos más datos para poder cotejar lo que nos estás explicando y que la denuncia sea más sólida a la hora de publicarla", explica una de ellas. "Y en 90% de los casos las víctimas confiaron en nosotras y nos dieron la información".

El protocolo de PUM fue replicado por otras cuentas del #MeToo. Dos semanas antes el colectivo había dado a conocer su sondeo Acoso Data, realizado a 392 mujeres de los medios de comunicación. Reveló que 73% había vivido alguna situación de acoso sexual laboral; 63% de los acosadores eran sus compañeros; 49%, sus jefes directos, y 84% no contaba o desconocía si había protocolos de denuncia en sus espacios de trabajo.

La polarización en las redes sociales en torno al #MeToo escaló durante 12 días. En ese lapso surgieron retículas de organización como la motivada por el *hashtag* #MeTooEscritoresMexicanos, que reunió a un centenar de escritoras y editoras que crearon la disidencia colectiva Juntas Marabunta, y ante la desacreditación de los testimonios, el *hashtag* #YoSíTeCreo circuló con fuerza. Al mismo tiempo, administradoras de diversas cuentas reportaron intimidaciones, amenazas de muerte, hackeos y ataques con bots.

El 1 de abril el músico Armando Vega Gil se suicidó tras difundirse el testimonio de una mujer que dijo haber sido acosada sexualmente por él cuando era una niña de 13 años. El integrante de la banda Botellita de Jerez negó el hecho en su carta póstuma. Las críticas al movimiento arreciaron y la oleada de denuncias minó. Mas en plena crisis, dos instancias de derechos humanos lo legitimaron. La oficina en México de la Organización de las Naciones Unidas (ONU) en su cuenta oficial de Twitter reveló, usando el *hashtag* #MeToo: "Las víctimas tienen derecho a la confidencialidad. En países donde se han medido las denuncias falsas, la cifra es menor a 3 por ciento".

Nashieli Ramírez, presidenta de la CDHCM, abrió su sede y participó en el #ForoMeTooMx organizado el 11 de abril por la abogada Andrea Medina y otras feministas. Asistieron más de 300 mujeres. Las convocantes resguardaron la identidad de las administradoras de 11 cuentas #MeToo participantes, difundieron un reporte de sus casos, analizaron el marco institucional para combatir la violencia de género y emitieron una declaratoria. Exigieron a dependencias federales, órganos autónomos del Estado y entidades privadas dar cauce a las denuncias y realizar labores de prevención como lo obliga el Sistema Nacional de Prevención, Atención, Sanción y Erradicación de la Violencia contra las Mujeres, mecanismo del gobierno en el que participan diversas instituciones. Y los emplazaron a responder el 6 de mayo. "Ninguno respondió", dijo la abogada, que dio acompañamiento legal a varias administradoras de cuentas #MeToo. Advirtió: "La falta de respuesta clara, contundente y sostenida de las autoridades sí consolidó para muchos agresores la sensación de 'no me van a hacer nada' y 'yo puedo contrademandar'".

El desdén del Estado a las denuncias del #MeToo y la marcha #AlertaMujeresMx subieron la radicalidad de las protestas. Recurro al término *radicalidad* del catedrático de la UNAM Alberto Mendoza Velázquez: la exigencia y propuesta genuinas en pos de cambios sociales profundos, que en ocasiones puede manifestarse con violencia, como lo definió en el prólogo del libro *La izquierda mexicana en el siglo XXI*. Cuatro meses después de la tromba del #MeToo el tsunami insurreccional femenino, inédito en la historia de México, reventó en la capital e irradió a otras partes del país.

#NoMeCuidanMeViolan

La mujer le quitó la cinta al tubo separador de fila del lobby de la PGJ-CDMX y lo lanzó furiosa sobre el mostrador vacío. La treintañera era robusta, impetuosa. Iba embozada, la melena caía en su espalda, vestía una blusa negra de lencería transparente, short, botas negras de uso rudo. Tomó un segundo tubo y lo hizo volar de nuevo sobre el mostrador. "¡¡No estamos para pedir permiso, pendejos!!", advirtió con un vozarrón y arrojó un tercer tubo. "¡¡Salgan, putos violadores!!", exclamó con los brazos en alto al dejar la dependencia, cuya puerta de cristal había pateado con fuerza momentos antes. Así quedó grabado en la cobertura periodística del mitin del lunes 12 de agosto de 2019 que exigió el esclarecimiento de tres acusaciones de violación sexual policiaca a mujeres jóvenes ocurridas en el lapso de un mes. El caso más difundido fue el de una adolescente de Azcapotzalco que dijo ser violada por cuatro policías, cuya declaración ministerial y datos personales fueron filtrados a la prensa.

La mujer iracunda, sin saberlo, dio el banderazo de la acción directa violenta como vía de protesta del movimiento feminista mexicano. Cuatro horas antes la mecha había prendido en la concentración afuera del edificio de la Secretaría de Seguridad Ciudadana por la misma causa. Ahí, mujeres hicieron pintas en los muros de la institución, encararon a los policías que la resguardaban, les pintarrajearon los uniformes con pintura de spray y le aventaron diamantina rosa al entonces secretario Jesús Orta, cuando atendía a la prensa en la banqueta. Ambas protestas marcaron un punto de inflexión en la historia de las movilizaciones de mujeres en México.

Lizbeth Hernández refiere que, en las manifestaciones de mujeres de la última década, usualmente ellas dejaban sus consignas en cartulinas pegadas en las paredes o las pintaban con esténciles, y si alguna intentaba hacer pintas mayores "el grueso de los contingentes decía que *no*, que no había que rayar, pero el giro a las acciones directas de romper algo se dio en agosto de 2019", rememora.

La furia del lunes 12 se masificó en la semana. El mismo día Sheinbaum calificó las protestas de "provocación" y anunció la apertura de carpetas de investigación por los destrozos. El miércoles 14 filtraron a la prensa videos de cámaras de vigilancia del camino de la adolescente de Azcapotzalco que pretendían desacreditar su denuncia, lo que acrecentó la ira en las redes sociales. El viernes 16 más de un millar de mujeres, convocadas por el *hashtag* #NoMeCuidanMeViolan, marcharon de la Glorieta de Insurgentes al Ángel de la Independencia, que llenaron de consignas pintadas, mientras otras manifestantes destruyeron y quemaron el mobiliario de una estación del metrobús. Ese día hubo marchas de apoyo en 32 ciudades del país.

La rebelión de las mexicanas que arrancó el 12 de agosto tuvo su cresta el 8M del 2020, y un día después, con una asombrosa acción de resistencia pacífica: el paro nacional "Un día sin nosotras", que provocó pérdidas por más de 30 mil millones de pesos según la Confederación de Cámaras Nacionales de Comercio, Servicios y Turismo (Concanaco-Servytur), informó *Notimex*. En ese lapso las morras diversificaron y descentralizaron su radicalidad: a las pintas se sumaron los cristalazos, los cierres de vialidades en exigencia de justicia, la toma de planteles educativos contra los acosadores sexuales, la toma de un edificio de la Comisión Nacional de Derechos Humanos (CNDH) para exigir la atención de casos de feminicidio y abuso sexual.

También hubo "estallidos de hostilidad". Julián Rebón y Verónica Pérez, autores de "Acción directa y procesos emancipadores", los describen como acciones súbitas y violentas, detonadas por un hecho, contra una personificación a la que se responsabiliza de la circunstancia crítica vivida. La marcha de medio millar de morras que en Hermosillo, Sonora, exigió el alto a los feminicidios y culminó en un mitin, al anochecer, ante la sede del Poder Judicial estatal, el 23 de febrero de 2020, se tornó en estallido de hostilidad tras el corte de luz que lo dejó a oscuras. Las manifestantes forzaron con rabia la puerta principal del inmueble, destrozaron el mobiliario y los ventanales, y provocaron un incendio al interior. En la cuenta de Twitter @LasQueNoArden escribieron: "Nos apagaron las luces, pero nosotras somos la luz. Las mujeres de la Ciudad de México no son las únicas cansadas, lo estamos todas, las del norte y las del sur, las de cada estado".

El historiador Carlos Montemayor, el principal analista de los movimientos subversivos mexicanos, fallecido en 2010, en su libro *La violencia de Estado en México*, dio elementos que hoy ayudan a la comprensión de la radicalidad, las acciones directas y los estallidos de hostilidad de la cuarta ola. Su tesis es que la violencia de Estado es la que detona la violencia popular, y no al revés, como éste históricamente lo ha señalado para justificar sus acciones contrainsurgentes. Escribió que la violencia institucional no sólo es violencia directa, sino un andamiaje de mecanismos como la corrupción, la impunidad en la procuración e impartición de justicia y la desigualdad social. Para él, todas son expresiones de una violencia legal, institucionalizada, y la inconformidad social surge para cesarla.

Montemayor explicó que cuando una expresión social radicalizada enarbola alguna exigencia, el Estado la desdeña, rechaza que haya violencia institucional y la sofoca con mecanismos contrainsurgentes como la desacreditación del movimiento y sus líderes, violencia directa, criminalización, persecución judicial, encarcelamiento y programas sociales populistas, entre otros, que pueden remontar la inconformidad social a violencia popular, que combate con los mismos mecanismos, lo cual genera una espiral de violencia que impacta a generaciones. Pero su tesis no tuvo perspectiva de género.

Irma Saucedo apunta que la desigualdad se profundiza por razones de género, clase social, racialización, orientación sexual e identidad de género, que "son marcadores sociales que detonan la violencia contra las mujeres y otros grupos subalternos como la juventud marginalizada". Estos "marcadores" para ella también determinan el grado de estigmatización y represión hacia la inconformidad social, como sucede contra las jóvenes insurrectas.

Amnistía Internacional (AI), en su informe "La era de las mujeres: estigma y violencia contra las mujeres que protestan", documentó que si bien la mayoría de las movilizaciones de mujeres contra la violencia de género son pacíficas en México, las autoridades las estigmatizan como violentas, especialmente en las que participan mujeres vestidas y encapuchadas de negro como parte de una identidad colectiva, lo que propicia un ambiente hostil en su contra que ha posibilitado "el uso excesivo e innecesario de la fuerza, detenciones ilegales y arbitrarias, abuso verbal y físico y violencia sexual". Una de las graves represiones documentadas fue en la protesta por el feminicidio de Alejandrina Lorenzana, Alexis, de 20 años, en Cancún, Quintana Roo, el 9 de noviembre de 2020. La policía disparó contra manifestantes y periodistas, propinó golpizas y torturó sexualmente, al menos, a dos morras. Una de las torturadoras fue una mujer policía que a una joven postrada en la golpiza "le introdujo los dedos en su vagina y la puso de pie de esta manera", consignó el documento.

Nos quitaron tanto que nos quitaron el miedo

Las morras estaban sentadas sobre el escenario del auditorio de la Facultad de Ciencias Políticas y Sociales (FCPYS) de la UNAM. La luz del mediodía caía tenue al interior del inmueble y de la media docena de estudiantes. No vestían en "código negro". Llevaban el rostro descubierto y vestían casuales, como hijas de cualquier familia mexicana popular o clasemediera: una en short, otra en pants, una más andaba en calcetines, como si anduvieran en su casa. De hecho lo estaban, por el momento. Las morras se habían apropiado de la Facultad un mes antes, el 30 de enero de 2020, en solidaridad con la toma de la Facultad de Filosofía y Letras (FFYL) que exigía la expulsión de acosadores sexuales y políticas incluyentes y eficaces contra la violencia de género en la UNAM.

La Facultad estaba vacía. Al exterior del auditorio una veintena de alumnas sublevadas convergían en un improvisado punto de reunión y guardia en el estacionamiento. En un muro estaba pintada la consigna "Nos han quitado tanto que terminaron quitándonos el miedo". Era una toma separatista: sólo mujeres. Dicen que así lo decidieron para no hacer la revolución de la mano del opresor. La mayoría asumía un feminismo vivencial, no teórico, forjado por sus vidas violentadas o de las mujeres de su entorno, y la empatía que las hermanaba entre sí. Sus edades iban de los 18 a los 22 años. Ellas explicaron que su comuna no tenía jerarquías, era autogestiva y de autoprotección. Días antes una estudiante del Colegio de Ciencias y Humanidades (CCH) de Azcapotzalco había sido golpeada con brutalidad por ser feminista. Las morras lo comentaron, por lo que la de lentes expuso que debían estar dispuestas a la autodefensa: "A lo mejor no todas hemos puesto el cuerpo antes, pero en el momento en el que surge una emergencia, tienes que aga-rrar un palo y vas". El cuerpo, "la cuerpa" también lo llaman, era el territorio donde vivían las violencias machistas, por lo que "ponerlo" colectivamente, como vía de protesta y de-fensa, les era imprescindible. También, dijeron, hacer accio-nes directas de destrucción simbólica del orden patriarcal durante las protestas.

—No es solamente rayo y destruyo —explicó una joven que había estado callada—. Es una manera de hacer política distinta y de mandar mensajes, y en las marchas los vidrios que se rompen muchos dicen: "Sólo desmadran por des-madrar", y no, no se desverga por desvergar: desvergamos bancos, y charlamos cuál es la reflexión de romper el vidrio de un banco o de un McDonald's.

—¿Y cuál es el enemigo? —inquirí.

—Es entender la historicidad de las problemáticas, las estructuras del Estado, problematizar la familia misma —hizo una pausa—. Se me fue el hilo bien feo —guardó silencio y las demás rieron y opinaron al unísono.

—Para mí, el enemigo es el sistema patriarcal porque a partir de ahí se crean todas las estructuras y relaciones de poder —expresó otra con apariencia adolescente.

La investigadora Daniela Cerva Cerna en su artículo "Criminalización de la protesta feminista: el caso de las colectivas de jóvenes estudiantes en México", publicado en *Revista de Investigaciones Feministas,* escribió que las jóvenes protestan contra la violencia estructural del sistema capitalista "desde el único lugar posible: atacando los símbolos de ese sistema" y cuestionando a la autoridad "con sus cuerpos como arma desafiante". Considera que su estética guerrera y poco femenina, y sus repertorios de acciones escandalosas, transgreden el estereotipo de sumisión impuesto socialmente, por lo que en las redes sociales se incita al odio en su contra. Observó que a partir de 2015 surgieron en México diversos colectivos estudiantiles feministas, autodenominados "colectivas", que son parte de los nuevos activismos latinoamericanos que recurren a tendederos de denuncia, escraches o exhibición de agresores en el espacio público o digital, *performances* y acciones simbólicas.

A partir de mi reporteo he constatado que muchas morras asumen conceptualizaciones anarquistas como la horizontalidad, es decir, evitan las jerarquías, se embozan y visten de negro como parte de una identidad colectiva sin protagonismos, replican el símbolo clásico de la A encerrada en un círculo, y rechazan los vínculos institucionales y partidistas, pero no necesariamente asumen su doctrina o tienen alguna ideología. En el país hubo una oleada de células de jóvenes anarquistas que duró casi una década, de 2006 a 2015, como expresión de otro fenómeno transgresor en

Occidente contra la crisis civilizatoria y planetaria, aunque sin perspectiva de género, que dio cristalazos y estalló explosivos artesanales contra símbolos capitalistas: cajeros bancarios, restaurantes de comida rápida, instituciones de gobierno u oficinas de partidos políticos, entre otros. México fue el país con mayor actividad en dicho periodo, como lo registré en mi libro *Crónica de un país embozado 1994-2018*. Las células tuvieron presencia mayoritaria masculina, aunque también hubo una conformada sólo por mujeres: el Comando Femenino Informal de Acción Antiautoritaria, que explotó artefactos caseros en inmuebles de la Iglesia católica para manifestarse contra la pederastia clerical.

De hecho, una vertiente feminista anarquista recurrió a las acciones directas violentas a principios del siglo XX. Las sufragistas inglesas dieron cristalazos, explotaron bombas artesanales y ante la represión policiaca aprendieron artes marciales, documentó Daniel Paris-Clavel en su artículo "Las sufragistas y la acción directa" publicado en *Le Monde diplomatique*. Las sufragistas dieron vida a la primera ola feminista en el mundo. En *Terremoto feminista* narré que en México la primera ola priorizó la lucha por el sufragio electoral de fines de siglo XIX a principios del siglo XX. La segunda, en los años setenta, demandó igualdad sexual, laboral, salarial, familiar, la despenalización del aborto y la inclusión del lesbianismo, entre otros. En los años noventa surgió la tercera, abierta a las diferencias raciales y al abanico de la diversidad sexual, incursionando en la vía institucional y el naciente mundo del internet. La cuarta emergió en la segunda década del siglo XXI poniendo foco en la violencia sexual de género, la despenalización del aborto, la visibilización de mujeres indígenas y afrodescendientes, y una vertiente que crece aboga por la inclusión de las personas transexuales y las personas trabajadoras sexuales.

En mi reporteo he corroborado que, a la par del aumento de la espiral de violencia de género en México, la cuarta ola se ha ido nutriendo de militancia a edades cada vez más tempranas. He conocido a niñas de 11 años asumidas como feministas. Lizbeth Hernández coincide con que esta ola la conforman mujeres que, en general, son muy jóvenes. Observa que las de menor edad rondarán los 14 años, mientras la media va de los 18 a los 22 años. Las de 22 a 29 años están más involucradas en el movimiento, dice, algunas laboran en organizaciones civiles y están más abiertas a combinar el activismo en calle y la interpelación o el cabildeo con autoridades locales y legislativas. En el rango de 30 a 35 años están las marcadas por la Primavera Violeta de 2016: hay líderes de opinión, forman parte o crearon organizaciones sociales feministas o laboran en instituciones.

La fotoperiodista manifiesta que ellas están dando vida a una asombrosa retícula de colectivas en el país de distintos orígenes socioeconómicos y formas de pensamiento y organización, algunas improvisadas y otras con antecedentes de lucha social local o feminista. Se trata de un *boom* en el que las colectivas "van adaptando sus agendas a partir de sus entornos inmediatos, como por ejemplo las chicas de la zona rural de la capital o de la periferia del Estado de México, las del sur del país con participación de indígenas y afrodescendientes en defensa del territorio, las del norte que reivindican la lucha obrera". Las colectivas de los estados tienen una tendencia fuerte a la descentralización no sólo de la capital, sino de las ciudades, puntualiza, y emergió una vertiente que está dejando de asumirse feminista por una posición antipatriarcal, debido a las pugnas con otras feministas, algunas de la segunda o tercera ola, con posiciones transexcluyentes o abolicionistas del trabajo sexual.

Otro asunto que confronta al amplio movimiento de feminismos mexicanos es el de las acciones directas. Irma Saucedo piensa que "estas jóvenes protestan como lo hacen porque absorbieron el discurso que impulsamos a fines del siglo pasado y lo que encontraron fue que el Estado no responde, al contrario, las vuelve a violentar". Andrea Medina, por ejemplo, que dio acompañamiento legal a las morras de la toma de la Facultad de Ciencias Políticas y Sociales de la UNAM, se distanció de ellas al considerar que no estaban dispuestas a acordar compromisos con las autoridades universitarias. Les cuestiona: "La genealogía feminista no es reactiva, es de pensamiento, de propuesta, de organizar la rabia, no es nada más vomitarla". Aunque reconoce que otras feministas señalan que es precisamente esa rabia la que ha colocado sus causas históricas en la escena mediática y política como nunca antes.

Del otoño de 2019 a la primavera de 2020, 13 planteles de la UNAM fueron tomados por la fuerza por mujeres: entre éstos, los de la Facultad de Ciencias Políticas y Sociales y de la de Filosofía y Letras, así como escuelas de nivel preparatorio, en algunos casos con apoyo de sus compañeros, en demanda de más seguridad y sanciones contra acosadores sexuales. Lo mismo ocurrió en cinco facultades de la Universidad Autónoma del Estado de México (UAEM). Las autoridades universitarias fueron obligadas a responder. El rector de la UNAM, Enrique Graue, creó la Coordinación de Igualdad de Género y separó a un académico acusado de intento de violación, entre otras medidas, y la UAEM realizó 10 suspensiones de profesores, una destitución, un despido y seis separaciones. La oleada de tomas de planteles escolares comenzaba a expandirse a otras regiones del país cuando frenó el segundo trimestre de 2020. No por falta de combatividad. Tampoco porque resolvieran a satisfacción sus exigencias. La pandemia del covid-19 la sofocó. "Coronavirus de la chingada", le dijo una morra de la toma de Filosofía y Letras a la reportera Isabella Portilla de *Corriente Alterna* cuando entregaron las instalaciones el 14 de abril, tras 163 días de poseerlas. Las de la Facultad de Ciencias Políticas y Sociales las devolvieron el día 30 del mismo mes, 90 días después de habérselas adueñado.

Okupación al patriarcado

Las tres otomíes usaban cubrebocas esa tarde. Estaban sentadas en las sillas del primer piso del Instituto Nacional de los Pueblos Indígenas (INPI) que permanecía vacío. De frente tenían las hileras de cubículos de oficina que por las noches adaptaban como dormitorios. Habían llegado dos semanas atrás. El 12 de octubre de 2020, en plena pandemia del covid-19, la joven y las dos señoras participaron en la toma del edificio junto a un centenar de otomíes, la mayoría mujeres y menores, en exigencia de la agilización de un largo proceso de créditos para vivienda y la expropiación de tres inmuebles. Si bien el funcionamiento laboral del INPI estaba suspendido en ese momento por razones sanitarias, fue una acción histórica: la primera apropiación indígena de una sede federal.

La protagonista era una comunidad migrante otomí radicada en la capital, originaria de Santiago Mexquititlán, Amealco, Querétaro, e integrante del Congreso Nacional Indígena (CNI), el frente de resistencias indígenas más combativo en México, al que pertenece el Ejército Zapatista de Liberación Nacional (EZLN). Las mujeres vivían de la elaboración de artesanías, entre ellas las muñecas que visten con sus trajes tradicionales. Las tres otomíes portaban los suyos: blusas coloridas y faldas blancas plisadas.

Me llamó la atención la más joven, Alejandra, de 18 años. Su mirada lucía acentuada por sus cejas negras y el cubrebocas. Era la cuarta generación que había migrado a la capital por razones económicas y sus estudios llegaban a la secundaria. Resuelta, habló de la discriminación que vivía en la capital por su vestimenta y lengua, y cómo su activismo le hizo "abrir los ojos" y "querer aprender más y más". Ella, como las indígenas del CNI y las zapatistas, no se asumía feminista, pero sí antipatriarcal.

—¿Cómo te sientes ante las desapariciones y asesinatos de mujeres en el país? —le pregunté.

—Mal y con mucho coraje porque soy joven y *orita* estoy aquí y el día de mañana no sé qué me va a pasar. Todas corremos el riesgo de que salgamos a la calle y no regresemos.

—¿Te sientes hermanada con otras mujeres que protestan contra la violencia?

—Comprendo toda la lucha contra los feminicidios y no porque somos mujeres nos tienen que matar, no porque somos mujeres nos tienen que violar. El gobierno se queja porque vamos a las marchas, tomamos oficinas, rayamos, y no es nada comparado con la persona que mataron o el ser querido que nos arrebataron.

Cuando entrevisté a Alejandra el mundo había transitado 10 meses del 2020 en pandemia, y México, ocho en confinamiento sanitario. En ese lapso repuntó 71% la atención en la Red Nacional de Refugios por violencia familiar, en tanto hubo 777 feminicidios y 2 mil 384 homicidios dolosos de mujeres que representaron la cifra más alta, hasta ese mes, en los últimos cinco años, de acuerdo con el SESNSP.

El mismo octubre, Karla Quintana, titular de la Comisión Nacional de Búsqueda, hizo una revelación que llamó "escalofriante" durante el conversatorio "Miradas nacionales e internacionales sobre búsqueda de mujeres desaparecidas", organizado por la Defensoría del Pueblo del Perú: la mitad de las desaparecidas en el país son menores de 18 años, de las cuales, 90% tiene entre 10 y 17 años.

Alejandra pertenece a la generación emergente de luchadoras de pueblos originarios y afrodescendientes, que sumadas a las jóvenes zapatistas, surgen en el país en defensa del territorio y los derechos comunitarios. Y, junto a sus compañeras otomíes, también es parte de las nuevas actoras sociales del amplio movimiento de mujeres insurrectas, que junto a las madres de víctimas de feminicidio, violencia sexual y desaparición, pasaron de la vía pacífica a la transgresora para exigir la resolución de sus casos. Si bien durante la pandemia hubo un repliegue de las acciones directas feministas en la escena pública, estas mujeres llevaron la modalidad de las tomas de planteles escolares a los edificios de la administración federal en demanda de justicia.

Las fallas estructurales del sistema de impartición de justicia y sus limitantes operativas en la contingencia sanitaria agravaron el acceso a la justicia de las mujeres, según el diagnóstico "Nos cayó el 20", del Observatorio Género y Covid en México. Un mes antes de la toma del INPI, el 3 y 7 de septiembre, madres de víctimas protagonizaron dos más de oficinas de la CNDH. En la primera, Marcela Alemán

268

se amarró a una silla por 24 horas para exigir la detención del violador de su niña; en la segunda, madres de víctimas, acompañadas de morras, se apropiaron de los alimentos almacenados en la institución, quemaron mobiliario e hicieron pintas en los muros y obras de arte que adornaban sus oficinas para subastarlas en apoyo a su causa.

Yesenia Zamudio, cuya hija María de Jesús fue víctima de feminicidio, y Erika Martínez, quien exige el encarcelamiento del abusador sexual de su niña, ganaron notoriedad en la apropiación de la CNDH. Ellas personifican el surgimiento de madres que asumen un feminismo urbano popular, en este caso de la periferia del Estado de México, la mayor entidad feminicida del país según reportes oficiales. Entrevisté a Erika Martínez dos meses después de la toma de la CNDH. Le pregunté qué la había llevado a hacerlo. "Fue la desesperación, ver la omisión de las autoridades que no quieren trabajar para nosotras, ver que las leyes existen, pero las autoridades o las instituciones sólo están ahí para gozar de un sueldo que no se merecen". Ella también participó en la toma de la Comisión de Derechos Humanos del Estado de México (CODHEM) en Ecatepec, realizada el 10 de septiembre, que fue desalojada con violencia por la policía, lo que evidenció la combatividad de las mujeres de la periferia y una respuesta institucional más represiva. Los siguientes días mujeres de distintas edades hicieron clausuras simbólicas de instituciones de derechos humanos y fiscalías en al menos 25 estados, según lo reportó Alexis Ortiz en *El Universal*.

Otra modalidad ha sido la toma pacífica de los congresos de Quintana Roo y Puebla para exigir la despenalización del aborto, como parte de las movilizaciones de morras de la ola verde feminista que prioriza esta causa. Cada uno, por su lado, condicionó la discusión legislativa del aborto a la entrega del inmueble, y así ocurrió. El primero rechazó despenalizarlo, mientras en el segundo una iniciativa de ley quedó en la congeladora. El activismo de la ola verde expuso la criminalización y persecución judicial hacia las mexicanas que abortan. La Comisión Nacional para Prevenir y Erradicar la Violencia contra las Mujeres (Conavim) reportó que en el primer semestre de 2021 se abrieron 432 carpetas de investigación por ese delito en 27 estados. Pero la Suprema Corte de Justicia de la Nación (SCJN), de forma unánime e inesperada, determinó la inconstitucionalidad de criminalizar el aborto de forma absoluta el 7 de septiembre de 2021, lo que es considerado como un hito de la cuarta ola pese al confinamiento sanitario.

Durante la pandemia el presidente continuó desmantelando las políticas públicas logradas por las feministas en los últimos 30 años y siguió estigmatizándolas, señala Andrea Medina. "Ha ido construyendo todo un contexto de odio", asevera. Entonces la violencia institucional, como advertía Carlos Montemayor, escaló la violencia popular. Las morras convirtieron la casa del presidente, el Palacio Nacional, en el foco de acciones directas y estallidos de hostilidad. Éste prosiguió desacreditándolas. Y el 8M del 2021, en el contexto de su respaldo a la candidatura de su amigo Félix Salgado Macedonio a la gubernatura de Guerrero, con dos denuncias por violación y tres acusaciones de abuso y acoso sexual, se amuralló con vallas metálicas gigantes, algo nunca visto. Las morras les pusieron flores, pintaron cientos de nombres de víctimas de feminicidio y desaparición, derrumbaron algunas y proyectaron con luces consignas gigantes sobre la fachada del Palacio Nacional: "Un violador no será gobernador", aludió una al guerrerense.

En tanto, el gobierno capitalino realizó acciones contrainsurgentes. La organización social Brigada de la Paz Marabunta lo acusó en la prensa de recurrir en las protestas a la violencia policial y a dispositivos químicos y balas de goma que no están regulados, lo cual fue negado por las autoridades. También del cateo ilegal, la persecución judicial y la criminalización de 13 jóvenes feministas, previo a la marcha del 8M del 2021. Informó que los policías irrumpieron en una vivienda en la que un grupo de morras practicaba malabarismos para la marcha; que la policía las acusó de poseer nueve bombas molotov, 18 kilos de mariguana y seis armas punzocortantes, pero ellas refutaron que les fueron plantadas. Una de estas morras dijo sufrir persecución judicial por parte de la Fiscalía General de Justicia de la Ciudad de México (FGJ-CDMX) por otro caso. Junto con otras 12, asegura que desde el 18 de noviembre de 2020 ésta les fabricó delitos de daño a la propiedad, lesiones y robo a negocio, expuso sus datos personales y las vinculó con el grupo anarquista Bloque Negro, de acuerdo con el portal fuimostodas.bonde.org.

Desde el 8M de 2020 inició una tendencia de enfrentamientos o agresiones de morras a mujeres policías en las protestas de la capital. Irma Saucedo explica que el movimiento feminista es pacífico y de transformación cultural, pero es heterogéneo, por lo que siempre ha habido grupos más radicales, "y un análisis del sistema capitalista como eje de violencia contra la población permite que haya mujeres que crean que al enfrentar a mujeres policías se enfrentan contra el Estado, el poder represivo y el poder patriarcal". Estima que colocar vallas con mujeres policías en las manifestaciones con morras radicales es "una estrategia bien pensada pues juega con la idea de que todas las mujeres son iguales y deben apoyarse indiscriminadamente", por lo que tras las agresiones las autoridades pueden decir: "¿Ven cómo no apoyan a las mujeres?", cuando en realidad "usan a las mujeres policías como fuerza de choque para desarmarlas ideológica y físicamente y desprestigiarlas socialmente".

En la marcha del 25 de noviembre (25N) de 2021, Día Internacional de la Eliminación de la Violencia contra la Mujer, hubo 11 mujeres policías lesionadas, ninguna de gravedad, y siete morras imputadas por daño a personas. Claudia Sheinbaum utilizó el argumento al que se refirió Irma Saucedo en la conferencia de prensa al día siguiente de la movilización: "¿Cómo que el 25 de noviembre, que es el día contra la violencia hacia la mujer, mujeres agreden mujeres?

¿A quién le sirve esto?". En la víspera del 25N la jefa de Gobierno dio una entrevista exclusiva al semanàrio *El País Semanal* del diario español *El País,* que la presentó como la carta fuerte en la carrera presidencial. Sheinbaum se asumió feminista, definió al presidente como "profundamente feminista", y atribuyó a feministas radicales haber incendiado una librería. Sin precisar detalles sobre el hecho, sólo sentenció: "Para mí eso es fascismo".

#FuimosTodas

Una tarde de invierno de 2021 recorrí la "Glorieta de las Mujeres que Luchan", ubicada en una céntrica rotonda de la avenida Reforma de la capital, cuyo pedestal sostiene la figura en madera, color morado, de una mujer con el puño en alto. Sheinbaum había retirado del mismo la estatua de Cristóbal Colón en 2020, ante la pretensión de derribarlo por parte de activistas anticolonialistas. Si bien convocó a una consulta pública para decidir qué lo reemplazaría, finalmente anunció que ahí colocaría una escultura de una indígena. El pedestal quedó vacío, cercado por unas vallas. Pero el 25 de septiembre de 2021 lo tomaron morras encapuchadas y madres de víctimas de feminicidio y desaparición. Las primeras brincaron las vallas y escalaron por el pedestal para amarrar la "antimonumenta" con mecates de plástico; las segundas cubrieron la cerca con nombres de luchadoras emblemáticas. Luego renombraron la glorieta y pidieron a la jefa de Gobierno destinarla a su causa, lo que ésta rechazó. Mandó borrar los nombres, pero ellas los volvieron a pintar, y han impedido el desmontaje de su escenificación de protesta.

Es, quizá, la acción directa feminista más significativa realizada de 2019 a 2021. La glorieta simboliza las resistencias históricas contra la violencia patriarcal en México, al tiempo que creó un espacio de encuentro y cobijo para luchadoras de diversos orígenes, geografías y generaciones. En las vallas leí nombres de las históricas, pioneras del feminismo, madres buscadoras de personas desaparecidas de los años setenta y del siglo XXI de diversos estados, guerrilleras, activistas indígenas y afrodescendientes, zapatistas del EZLN, madres de víctimas de feminicidio, defensoras ambientales, madres de los 43 estudiantes de Ayotzinapa, mujeres atacadas con ácido, víctimas de feminicidio y desaparición, periodistas asesinadas, entre otras.

La glorieta expone, en la avenida más legendaria y exclusiva del país, la impunidad, negligencia y omisión del Estado mexicano ante la crisis de violencia de género. El gobierno de Sheinbaum informó que en la capital se redujeron en dos años 25% las muertes violentas de mujeres y aumentó 23% la vinculación a proceso de agresores de violencia familiar, entre otros logros, pero también entre 2019 y 2021 su gobierno ha abierto 531 carpetas de investigación por delitos sexuales cometidos por policías, elementos del Ejército y la

Marina, y guardias de seguridad privada, según *Animal Político*. Sigue vigente la consigna "No Me Cuidan Me Violan" que detonó la insurrección feminista en 2019. El SESNSP reportó que en 2021 hubo en el país cifras mensuales récord de feminicidios, asesinatos dolosos, violencia familiar, violación, extorsión y llamadas al 911 por incidentes de violencia contra la mujer. En tanto, el Comité contra la Desaparición Forzada de Naciones Unidas (CED), el 26 de noviembre de 2021, presentó su informe de su primera visita a México, en la que acudió a 13 entidades del país: entre éstas, la Ciudad de México, y a través de su representante regional Carmen Rosa Villa Quintana informó que observaron un "incremento notable" de desapariciones de niñas, niños, adolescentes y mujeres agravado por la pandemia del covid-19.

La potencia de la cuarta ola feminista mexicana, contra el Estado y el orden patriarcal, se manifiesta no sólo en sus acciones directas en el espacio público, sino también al hermanarse con las víctimas violentadas, acompañar a madres y familiares de víctimas abandonadas por el Estado en su exigencia de justicia, multiplicarse en el país a través de colectivas que experimentan formas transgresoras de pensamiento, ejercicio de poder y organización escolar, barrial y comunitaria, y abrir brecha para las generaciones que le siguen. Su himno de lucha *Canción sin miedo,* de la cantautora Vivir Quintana, en una estrofa hace suyas las víctimas de la violencia patriarcal nacional y advierte sobre la tozudez de su causa:

Soy Claudia, soy Esther y soy Teresa
Soy Ingrid, soy Fabiola y soy Valeria
Soy la niña que subiste por la fuerza
Soy la madre que ahora llora por sus muertas
Y soy ésta que te hará pagar las cuentas

Agradecimientos

A Eva Roldán, por cada lección desde su feminismo vivencial.

A Avelina Vázquez Hernández, por su invaluable trabajo de asistencia de investigación para este libro.

A Rosa, Lourdes, Celene por dejarnos aprender desde su experiencia; a Emanuela Borzacchiello, Aleida Hernández y Ana Escoto por su pensamiento, y a todas las mujeres que antes de nosotras han puesto su palabra y su experiencia para cuidarnos.

Gracias a Sara Lovera por su generosidad y asesoría, siempre. A Dulce María Sauri por el maravilloso dato. A Amalia García por las anécdotas. A las tres por su arduo trabajo para alcanzar acuerdos en favor de los derechos de las mujeres.

Gratitud y reconocimiento a cada una de las feministas que aceptaron compartir sus pesares y esperanzas en una lucha que, en lo sustancial, las hermana: Fabiola Alanis,

Wendy Figueroa, Nadine Gasman, Malú Mícher, Olga Sánchez Cordero y Patricia Olamendi.

Y gracias siempre a Mónica Patricia Aragón por acompañar en la transcripción de estos diálogos.

A María Hinojosa, a María de Jesús Vázquez, a Margarita Luna por cuidar de quien más lo necesita. A Patricia Rodríguez, Elsa Conde y Aliada, cuyas investigaciones de economía feminista nos dan luz para reclamar lo que nos corresponde.

Gracias a Maricruz Velasco, Lorena Gutiérrez y Jesús Quintana por abrir las puertas de su hogar para contar su historia, confiando en nuestras letras. Su fortaleza es un ejemplo.

A Karla Michelle Salas, por ser una excelente abogada y guía.

A Fátima Quintana y Karla Yesenia Gómez: este libro es sólo una pequeña muestra de que su historia jamás será olvidada.

A todas las morras que nos permitieron escuchar, observar, tomar nota. A todas las mexicanas insurrectas de la revolución social del siglo XXI.

Semblanzas

Laura Castellanos

Periodista independiente que escribe sobre movimientos subversivos. Se formó como reportera en el suplemento "Doble Jornada" de *La Jornada* y la agencia de noticias Comunicación e Información de la Mujer (Cimac). Es autora de 6 libros, el más reciente: *La marcha del terremoto feminista, Historia ilustrada del patriarcado en México* (Grijalbo, 2021). Su reportaje de la masacre de Apatzingán, Michoacán, recibió el Premio Nacional de Periodismo y el primer lugar del Premio Latinoamericano de Periodismo de Investigación que otorga el Instituto Prensa y Sociedad (IPYS) basado en Perú (2016). Su reportaje sobre asesinatos de indígenas que defienden su territorio recibió mención especial del Premio Breach/Valdéz de Periodismo y Derechos Humanos (2019).

Su libro *Crónica de un país embozado* 1994-2018 obtuvo mención honorífica del Premio Antonio García Cubas 2019 del INAH al mejor libro de antropología e historia. Ha publicado en *Aristegui Noticias*, *Washington Post* en español, *El Universal*, *La Jornada*, *Reforma*, *Vice News*, *Gatopardo*, entre otros medios.

Valeria Durán

Es licenciada en Periodismo Digital. Comenzó su carrera como reportera en el *Periódico AM* de León, Guanajuato. Desde 2016 se incorporó a la Unidad de Investigación Periodística de Mexicanos Contra la Corrupción y la Impunidad (MCCI). Miembro del CONNECTAS Hub de la Plataforma periodística para las Américas CONNECTAS. Durante los últimos cuatro años se ha especializado en investigar los índices de impunidad en los delitos de feminicidio en México. Es coautora del libro *Fox: Negocios a la sombra del poder* Grijalbo, 2017.

Sus investigaciones han sido reconocidas con la Mención de Honor en el Premio Latinoamericano de Periodismo de Investigación (Colpin) ediciones 2016, 2018 y 2019. Mención honorífica del Premio Excelencia Periodística 2017. Primer lugar en el Premio Rostros de la Discriminación 2017 y Mención de honor 2020. Segundo lugar en el Premio Alemán de Periodismo Walter Reuter 2017 y Segundo lugar en el Concurso Género y Justicia 2017, en la categoría de Reportaje Escrito. Miembro del equipo internacional de periodistas que realizó la investigación "FinCen Files", finalista del premio Pulitzer 2021.

Ivonne Melgar

Es una cronista parlamentaria y feminista multimedia en Grupo Imagen con tres décadas en el oficio de reportera. Autora de la columna política sabatina "Retrovisor" que se publica en *Excélsior* desde 2006. En sus inicios en el periodismo, impulsó la cobertura con perspectiva de género, tanto en *unomásuno* (1989-1996) como en *Reforma* (1997-2005), donde registró la agenda mexicana por el derecho a decidir de manera cotidiana.

Claudia Ramos

Es egresada de Periodismo por la UNAM, con 31 años de experiencia en medios de comunicación. Ha trabajado en los periódicos *La Jornada*, *Reforma* y *Milenio*. Es fundadora del portal digital *Animal Político*, donde actualmente se desempeña como coordinadora de Análisis, y autora del blog *La Sartén por el Mango*, que se publica en el mismo portal y el cual firma con el nombre de Mala Madre.

Daniela Rea

Es reportera, autora de *Nadie les pidió perdón: historias de impunidad y resistencia* (Urano, colección tendencias: Crónicas, 2016) y *La Tropa, por qué mata un soldado* (Debate 2019), editora de *Ya no somos las mismas y aquí sigue la guerra* (Grijalbo 2020) y directora de la película *No sucumbió la eternidad* (2017). Ganadora del premio Breach-Valdez de periodismo. Es cofundadora de Periodistas de a Pie, con quienes editó el libro *Entre las cenizas: historias de vida en tiempos de muerte* (surplus Ediciones, 2012) y también de Pie de Página, red de periodistas expertos en temas sociales y de derechos humanos, ganadores del premio Gabriel García Márquez de periodismo 2017 por la serie documental *Buscadores en un país de desaparecidos*.

Nayeli Roldán

Egresada de la carrera de Comunicación y Periodismo por la FES Aragón (UNAM). Ha trabajado en medios como *Milenio Diario*, Milenio Televisión y Efekto TV. Es reportera de *Animal Político* desde 2014, donde se ha especializado en la investigación de corrupción, educación y derechos humanos.

Coautora de *La Estafa Maestra*, investigación periodística ganadora del Premio Ortega y Gasset 2018 como Mejor historia. Ganadora del Premio Nacional de Periodismo 2018 en la categoría de Reportaje y finalista en el Premio Gabriel García Márquez. Mención honorífica en el Premio Excelencia Periodística 2017 por su cobertura de los enfrentamientos en Nochixtlán, Oaxaca.

Coautora del libro *La Estafa Maestra: graduados en desaparecer el dinero público* (Planeta, 2018) y La travesía de las tortugas (Proceso, 2015). Docente en los diplomados de Investigación periodística del CIDE y la UAM.

Mexicanas en pie de lucha de Nayeli Roldán
se terminó de imprimir en abril de 2022
en los talleres de
Impresora Tauro, S.A. de C.V.
Av. Año de Juárez 343, col. Granjas San Antonio,
Ciudad de México